社交心法

恒洋 著

台海出版社

图书在版编目（CIP）数据

社交心法 / 恒洋著. -- 北京：台海出版社，2024.
12. -- ISBN 978-7-5168-4068-9

Ⅰ．C912.11

中国国家版本馆 CIP 数据核字第 2024GC4326 号

社交心法

著　　者：恒　洋

责任编辑：俞滟荣

出版发行：台海出版社

地　　址：北京市东城区景山东街20号　邮政编码：100009

电　　话：010-64041652（发行、邮购）

传　　真：010-84045799（总编室）

网　　址：www.taimeng.org.cn / thcbs / default.htm

E - mail：thcbs@126.com

经　　销：全国各地新华书店

印　　刷：嘉业印刷（天津）有限公司

本书如有破损、缺页、装订错误，请与本社联系调换

开　　本：880毫米×1230毫米　1/32

字　　数：196千字　　　　　　印　张：8.875

版　　次：2024年12月第1版　　印　次：2024年12月第1次印刷

书　　号：ISBN 978-7-5168-4068-9

定　　价：68.00元

版权所有　翻印必究

CONTENTS 目录

推荐序　爱和善意才是被喜欢的底层逻辑 / 01
作者序　一个内向的人的社交心法 / 17

你的局限都源于人脉不够

01. 贵人扶持，一步胜过十年路

　　人必须得有朋友，还得有很多的朋友 / 003

　　用 20% 的智慧撬动 80% 的资源 / 006

　　你得到的，取决于你参与进去的程度 / 008

　　挤不进去的圈子才要硬进 / 011

　　社牛是一种整合思维 / 014

02. 命运的拐点从你学会"攀高枝"开始

自己闷头干一天,不如高人指点一句 / 018

高成功率的事业,往往来自"继承" / 022

和有钱人交朋友,会让你变得更有钱 / 025

一个人努力,提升永远是线性的 / 026

所谓"攀高枝",就是永远跟强者站在一起 / 029

你的价值,取决于你身边的人的价值 / 032

学员分享:成功不是一场孤军奋战 / 034

03. 每个脱颖而出的人都极具影响力

公众影响力的起点是社交影响力 / 042

在人际交往中,乐观是第一社交影响力 / 045

周到也是一种社交影响力 / 046

拥有影响力,就拥有了抓住财富的多个触角 / 048

实践篇
朋友越多，人生越顺

04. 可以不识字，但不能不识人

认识人是你认识这个世界的开始 / 057

去和那些超龄的人做朋友 / 060

交朋友是这个世界上最不能着急的事 / 063

人和人之间，心眼一动，交情就远了 / 066

自私的人一定干不成大事 / 069

> 学员分享：识人的本领就藏在你的经历里 / 070

05. 会做事的人，都是沟通高手

打开对方的嘴，成就自己的好 / 078

要像孩子学说话那样培养口才 / 080

沟通的核心是让别人喜欢你、推崇你 / 083

站在什么立场你就讲什么话 / 085

领导者要学会使用语言来指导别人完成工作 / 087

随口要说鼓舞他人的话 / 091

好的表达能够增进情感 / 092

> 学员分享：沟通的意义是传递情感 / 094

06. 真正把事情做成的人，心上放着很多人

懂得向下社交，才能做好向上社交 / 102

把握感谢的机会，才能迎接更多的成功 / 106

你的好运就来自你的热情 / 109

该进的时候要进，该退的时候也要退 / 113

把贵人变成恩人，把恩人变成家人 / 114

做人的核心是尊重他人 / 117

做人的支撑是责任心 / 118

懂得感恩的人，才会吸引愿意帮助他的人 / 119

三步走好，遇到贵人 / 122

> 学员分享：真正的大爱是对人的极致关注 / 126

进阶篇

地低为海，人低为王

07. 在你做什么之前，先让别人知道你是谁
利用品牌效应来做自我介绍 / 137

把自己当成一个品牌去经营 / 140

真正帮到自己的，不是能力而是心力 / 143

如何塑造自己的个人品牌 / 146

礼仪水平会增加别人对你的好想象 / 149

人们总是关注大方向，忘了把细节做好 / 151

但行好事，莫问前程 / 153

08. 礼物见人品，人品交贵人
你有多会送礼，你就有多成功 / 158

送礼首先考虑的永远是心意 / 161

有了礼物，人与人之间就有了人情味 / 164

礼物，为你埋下机会的种子 / 166

送礼是让别人记住你的最直接的方式 / 170

送礼的重点在"送"而不在"礼" / 173

学会送礼，也就学会了做人 / 177

送礼不求人，求人不送礼 / 180

礼物背后藏着的是感情 / 183

送礼是一种习惯，蕴藏了极大的力量 / 185

制作一个送礼簿，养成送礼好习惯 / 191

09. 饭桌是撕开虚伪、鉴别真诚的地方

吃好一顿饭，是联结人脉的关键 / 200

匮乏的饭桌教育：跟人打交道是从吃饭开始的 / 205

在饭桌上成不了主角,是你把自己当成了配角 / 208

地低为海,人低为王 / 211

高规格的礼仪都在细节里 / 215

饭桌上要追求的不是利益,而是亲情 / 219

最高级的感情是亲情 / 222

中型聚餐如何照顾到每个人 / 226

把每件事做到极致 / 229

练习吃饭:每周至少跟陌生人吃一顿饭 / 230

学员分享:饭桌破局 / 233

写给读者的话 / 242

推荐序

爱和善意才是
被喜欢的底层逻辑

于斌

十二年教育集团董事局主席
全网 1000 万粉丝、知名大 V
中国珠宝玉石首饰行业协会教委会秘书长
清华大学、北京大学客座教授

内向的人更容易拥有社交影响力

这几年网络上非常流行一种人格测试，叫作十六型人格测试（MBTI），我也略有耳闻。大家喜欢互相询问彼此是 I（内向的）人还是 E（外向的）人，并以此作为对一个人社交倾向的评判标准。

有的人说自己是 MBTI 人格中的 I 人，所以他是内向的、不善于社交的。于是，他接下来的一系列不愿意去打开自己、不愿意与外界建立连接的举动就有了最好的借口。

我们对于自己的探索一直都没有停止过，而这些探索几乎都是出于社交需求。很多人热衷于给自己贴上外向或内向、"社牛"或"社恐"的标签。各种人格测试、生肖、星座和血型等，都不可避免地把人划分为善于社交和不善于社交两类。

那么，我想请你思考以下三个问题：

第一，一个享受独处，或者工作上本来就不需要与太多人交流的人，需要打开自己与其他人建立连接吗？

第二，一个不想创业也不想成为管理者的人，需要提升社交能力吗？

第三，一个内向的人，可以拥有社交影响力吗？

我的答案是，无论你是谁，无论你是什么样的性格、人格，无论你从事什么样的工作，作为人这种生物，我们的社会属性都让我们不得不去社交。

换句话说，**社交是我们每个人的内在需要**。而所有那些取得了高成就的、生活更幸福的人，一定都具有优秀的社交能力。

有趣的是，**优秀的社交能力并不是外向的人的特权，内向的人也可以拥有社交影响力**。

在很多人心中，恒洋老师是一个非常善于社交的人，全国各地，甚至一些身在海外的朋友都不远万里来跟恒洋老师学习社交心法。但事实上，你一定想不到，恒洋老师给自己的标签是：一个内向的人。

你不禁会问，这样一个充满了社交影响力的人，真的内向吗？

我作为恒洋老师多年的兄弟，作为恒洋老师的大哥，很负责地说，恒洋老师的的确确是一个内向的人。

我们看到舞台上、镜头前的恒洋老师妙语连珠、滔滔不绝，那是因为他在上课，他在把自己的经验和知识传授给所有信任他的学员。我们看到饭局、聚会上的恒洋老师谈吐得体、平易近人，那是因为他珍惜和大家在一起的缘分，是对大家的尊重与爱。

那么，平时的恒洋老师是什么样的呢？以他的表达能力和人生阅历，他可以在任何一个场合侃侃而谈，成为人群中的焦点。但是很多时候我们在一起，他其实不喜欢说话，他就喜欢安静地坐在那里，他从不在人前吹嘘自己。因为他低调、谦卑，所以他不喜欢嘚瑟，不喜欢装腔作势。他把这样的表现定义为内向。

所以，恒洋老师的内向应该打个引号。而且，这个世界上很多人的内向都要打个引号。反之，很多人的外向也要打个引号。

有些人看起来有非常好的控场能力，和什么人都能聊得来，无论在多大的场合都不露怯，给人一种很健谈的感觉。但实际上他说的那些话，没有一句是有营养的，甚至没有一句是走心的。

他说的每一句话都是在彰显自己有多么厉害，他的每一个表情和动作都是在为自己树立一个社交达人的人设。和这样的人相处下来，你会明显感觉到疲惫，感觉到能量被消耗，你会不自觉地想要远离他。看似场面热闹，实则只是那一个人的独角戏。

所以，我想说的是，**真正的懂社交、会社交看的不是一个标签，而是看这个人的内心真正展现出来的状态**。所以，恒洋老师在我的心里其实是一个超级外向的人，尽管他在我面前是不爱说话的。

其实，性格和社交并没有什么必然的联系。内向的人也可以非常善于社交，外向的人也可能在社交的时候遇到各种各样的问题和卡点。至于你是 I 人还是 E 人，是 1 号人还是 9 号人，是白羊座还是处女座，这一切都只是一个自我暗示的符号。

你要说内向，我比恒洋老师内向多了。我从小就不爱说话，但是现在你会发现：哇，于斌你就是个"社交恐怖分子"。

自我暗示是非常重要的，我能走到今天，是因为我也有非常多的心理暗示。比如每次我在接受采访的时候，会对自己说，这次的采访一定会成功，通过这次采访一定会有更多的人喜欢我，我能够带给大家更多帮助与支持。当我完成了心理暗示之后再去做事，事情真的就那样发展了。

能不能成为有社交影响力的人，不取决于内向、外向这样

的标签，取决于你自己想要做什么样的人，取决于你每天给自己的心理暗示。

如果你认为自己是个内向的人或者I人，然后不断地告诉自己，你可以不用去社交，你应该做一个少说多听的人，那么你就会成为这样的人。

如果你在内心告诉自己要做一个像于斌老师、恒洋老师一样健谈的人，要成为一个让别人喜欢的人，那么请放心，你一定会成为这样的人。这跟星座、血型、生肖、I人、E人完全没有关系。

爱和善意才是被喜欢的底层逻辑

经常会有人问我：于斌老师，我怎样才能像您和恒洋老师一样人见人爱呢？

这个时候我会反问他：你觉得大家喜欢我们的原因是什么呢？

他说，因为我们社交能力好，接着又列举了很多夸奖我和恒洋老师的词，如为人亲和、热心、口才好、举止大方、谈吐有气质、有才华、仗义……

那么，你有没有遇到这种情况，同样一句话，A说出来让你感觉到关怀，而B说出来你一点感觉都没有？又或者同样一个动作，比如握手，有的人做出来你会从这个动作里接收到对方对你的尊重和在乎，有的人做出来反而让你浑身不自在？

为什么会有这种差异？我想先讲一件事。

我的一个朋友曾经向我请教过一个问题。她说："优秀的主持人都是要经过专业的训练才能在鞠躬的时候把握一个恰到好处的角度。您给我们呈现的每一面都是那么得体、那么好，是天生的吗？还是您有意做过一些形体训练或者专门上过表演课呢？"

她的问题看似简单，但问得极好。她问到两个层面：第一，一个人的体态、举止是天生的吗？第二，这种让人感到舒服、喜欢的能力是不是可以通过刻意训练而获得？

首先，我非常确定的是，我的一切让人感受很好的言行举止不是天生的。现在的于斌和10年前、20年前的于斌是不一样的，我不是一出生就拥有了现在这样的谈吐和形体，我也说错过话，也办错过事，也经历过不被喜欢的时候。

其次，它也不是我刻意训练出来的。我没有接受过任何形体训练和任何专业老师的指导，毕竟我不是专业主持人出身。

现在你可能就更好奇了，这两个层面我都没有，那我又是怎么做到自然而然就举止得体、仪态大方的呢？

我举一个例子。当我通过语音或者视频与人沟通的时候，虽然我没有站在对方面前，甚至也没有开摄像头，但是我的肢体语言和我面对面与人交流的时候是一模一样的。我站在舞台上或是站在任何一个地方，我的言行举止都具备同一性；我对待比我厉害的人、我的后辈，是一视同仁的。无论你是谁，我们在什么样的场合和时间相遇，你认识的于斌始终都是那个于斌。

每个人都可以去学习礼仪、仪态，去找专业的老师指导，系统地学习相关的理论知识。但这种学习是一种外在的，它能够让你在特定场合、特定时间表现得体，却很难让你在生活中的方方面面、时时刻刻都做到得体。这也就是为什么很多人难以做到不分场合、不分时间地让人喜欢和尊敬。

我想说的是，我的谈吐和举止并不是训练出来的，而且我也不认为仅仅通过训练就能达到这样的状态。我的语言、神态、肢体动作其实都是发自内心、自然而然的，哪怕我的表现并不如主持人那样专业，但对方是能够感受到我心里那种尊重的。

我再讲个小故事。有一天，我的一个朋友来我家吃饭，他突然问我，我家的椅子是在哪里买的。我以为他是喜欢这把椅子，也想买，所以就告诉了他。没想到第二天，我的这个朋友竟然搬了一把崭新的椅子到我家。见我一脸茫然，他解释说："昨天我坐在你家那把椅子上的时候，发现椅子的扶手松了，可能是被我不小心弄坏了，所以赶紧买了把新的送过来。"

其实，我家的那把椅子在那个朋友来之前就已经坏了，并不是他弄坏的，由于那段时间我一直很忙，也就没顾上找人来修理。但是他什么也没说，就直接把新椅子亲自送到了我家。你说，这样的人谁会不喜欢呢？

我再问问你，我的这个朋友的这种行为是天生的吗，还是他去哪里接受过培训？都不是！

现在揭秘，我的这个朋友，就是这本《社交心法》的作者恒洋老师。他给人的感觉从来都是低调、谦卑，有爱心的。10年前他只有10个粉丝，现在全网粉丝5700万，但是10年前的恒洋老师和朋友们一起乘电梯时最后一个上，今天的恒洋老师乘电梯时仍然是最后一个上。

无论你之前是否认识恒洋老师，但是我相信，通过我讲的这个小故事，哪怕你没有见过恒洋老师，也会开始在心里萌生对这个人的喜欢和尊敬，希望和他成为朋友，对吗？

你为什么会喜欢一个人？为什么你喜欢和这个人待在一起，而不喜欢和那个人待在一起？

真正让人舒服的、喜欢的，不是你说了什么样的话，也不是你鞠躬时的标准动作，而是你所有的语言动作背后的意义。这个意义不是训练或者天赋赋予你的，而是由一个更伟大的老师教给你的，这个老师的名字叫作善良。

善良的教学机制是伟大，因为它从不强迫，而是通过同理心来发挥作用。当你的内心充满了爱，充满了善良，你就会真正拥有同理心。

同理心，就是站在别人的世界去思考。当你有同理心的时候，你会发现你的所有行为方式都会悄然改变。你会从追求外在转向追求内在，你不再去关注别人对你的看法，而是开始关注你带给别人的感受。

你开始自然而然地在意别人与你相处是否舒服，在意你的行为方式是否会给别人带来伤害。这个时候你的行为方式就形成了。它不是天生的，老师也教不会，它是自发形成的。你内心的爱和善意就是一个行为驱动器，它驱动着你去学习，去总结，去感悟。没有比这个内在的老师更厉害的了！

训练出来的东西大多只有表面的形，没有魂。有了表面的形，你也会 90 度鞠躬，也会微笑鞠躬，但是大多数人感受不到你的那份诚意。如果你是心怀善意和爱在鞠躬，即便你没到 90 度，只有 75 度，对方也是可以感受到你鞠躬背后的敬意的，它的力量是完全不同的。

所以，通过训练，你可以学会一个标准的 90 度鞠躬，但无法真正学会一个散发着善意和真诚的鞠躬。而只有散发着善意和真诚的鞠躬才能够真正让别人感受到你人格的魅力，才会发自内心地敬重你、喜欢你。

恒洋老师走到今天，能取得今天这样的成就，能有各行各业不同领域的"贵人"愿意支持、助力、托举他，身边永远聚集着一群喜欢他的朋友，他凭借的是什么？是高学历，还是他与生俱来就善于社交？都不是。如果一定要说恒洋老师哪一点做对了，那就是他真的懂得了什么是爱，真的懂得了什么是善良，并且身体力行地把心底的爱和善意传达给每个人。

从内心有了这份爱和善意的那一刻起，你就会发现，你跟每一个人说话的方式会自然改变，你看每一个人的眼神会自然改变。在别人需要帮助的时候，你不再是旁观，而是走过去，甚至是冲过去"管闲事"。

奉献，是撬动社交影响力的支点

在与人相处的过程中，爱和善意让我们彼此成为朋友，甚至成为知己，这只是第一个层面。那我们怎么去把一个朋友扩展到一个"圈子"，怎么把小范围的影响力扩展到更大范围的影响力，甚至社会层面的影响力？这就需要做到第二个层面——奉献。

你会发现，所有你心目中最伟大、最敬重的人，都有这样一个品质：懂得奉献。而在这样的人身边也总是围绕着很多愿意追随他、永远支持他的人。

但是这里有一个问题，那就是奉献会不会消耗一个人的能量？

一个很厉害的企业家，在休息室和一个医学教授闲聊，他感慨地说，很多企业家、医务工作者、人民教师把半辈子都奉献给了工作，奉献给了社会。他们应该怎么去调整自己的心态，让自己持续保持积极正面的心态，而不会沉浸在疲惫和委屈的情绪下？

这个问题其实也有人问过我。身边的人说，总能从我身上感受到温暖和力量，那有没有哪个时刻我的心里也有一些疲惫和委屈呢？在这种时刻，我又是怎么调整的呢？

首先，你要清楚一件事，在你提到"奉献"这个词的时候，脑子里是不是只想到付出和牺牲？先好好想想这个问题，我们再去讨论其他的。

一个人的一生，奉献给了国家也好，奉献给了企业也好，奉献给了学校也好，奉献给了家人也好，他其实不是单向地付出和牺牲。

为什么这么说呢？恒洋老师经常会在直播中免费分享很多社交知识、商业知识，他这算不算付出？当然算。恒洋老师的咨询费是千万级的，但是他从来没有抱怨过直播浪费了自己的时间，他更不会认为自己在做的这件事是牺牲。

因为他懂得一个道理，那就是你在奉献过程中所做的每一件事，不都是在完成你自己的一个梦想吗？如果你心中没有一个梦想，你又怎么会去做这件事呢？不要因为今天有了一个坎坷，遇到一个挑战，感到有些力不从心了，就把曾经的梦想变成了牺牲。曾经的那些经历不是宝贵的财富吗？如果没有奉献，你会有那些风光吗？

这个世界就是这样，会有严寒的冬天，会有万物复苏的春天，会有酷热的夏天，也会有收获的秋天。我们不能因为正在经历着春天的生机与活力就欢呼叫好，而冬天万物凋零的时候就开始后悔曾经种下的每一棵树、浇过的每一滴水。

冬天的树确实枯黄了，但是春天还会再来的。等到春天来的时候，我们才开始感悟，冬天只是一段经历、一个过程。它让我们沉静下来，去思考，去感悟，去休息，去为了新的挑战、新的梦想做准备。

奉献不是一件值得吹捧的事情，奉献的真正魅力也不在于牺牲。

我做的每一件事都不是单纯地牺牲，我内心当中是有一个梦想、一个追求的。换句话说，我不是为了牺牲而去做这些事。我也希望成功，希望被人认可，希望实现自我价值，希望实现人生价值。而在这样不断向上、向前追求的路上，我给身边的人带来了机会，带来了支持，带来了力量，带来了温暖。

看到这里你明白了吗？奉献不是我们自诩的，奉献是别人感受到了你的爱和善意而给予的美称。

奉献，是让我们身边聚集起更多志同道合的人的凝聚力；奉献，是撬动社交影响力的支点。

社交从来都不是一件困难的事

我和恒洋老师是多年的兄弟,虽然他尊称我一声大哥,但我想说的是,我其实也在从他身上学习,我也非常感谢他。

第一次见面,我就觉得这个小伙子是一个充满责任心、充满目标感的男人。第二次见到他,我觉得他虽然不爱说话,但是彬彬有礼,待人接物也非常大气,格局很大。第三次跟他接触后,我发现他是一个极其细腻、细心、善于观察,而且非常愿意替别人着想的人。

我们认识的这 10 年来,恒洋老师一直在成长,他是个非常善于学习的人。这 10 年来,我觉得他最厉害、最令我佩服的一点就是,他的初心不变。现在恒洋老师的圈子比 10 年前要厉害很多,他被誉为"大佬背后的人",但是他依旧如同 10 年前一样低调、谦卑,甘于奉献。

很多人跟着恒洋老师学习社交影响力,我认为,他最大的影响力就在这里。

社交不是一件难事,但也绝对不简单。说起社交,能聊的话题太多太多,比如真诚,比如情商,比如尊重,比如责任,比如……

恒洋老师的新书《社交心法》分为心法篇、实践篇、进阶篇，从慧眼识人、高情商为人、构建个人影响力、提升沟通力、礼物与聚会中的智慧等主题，全面、深刻地揭示了社交的底层心法。

无论你是谁，无论你是内向还是外向，无论你是想要突破圈层还是想要寻求贵人相助，无论你对社交有任何疑惑、困扰，都能够从这本书中找到你想要的。

如果你想要学习如何社交，学习如何成为一个被喜欢的人，那么我推荐恒洋老师的《社交心法》，这是一本真正能够帮助你的书。

作者序

一个内向的人的
　　社交心法

有一次，一个学员和我说，恒洋老师，经营社交太累了。

我说，你可能根本没有经营，就在想象中觉得累。大部分人认为社交就是被消耗、被误解、被抛弃，把一切想得负面，做得消极。这样的社交，过分自我，对人也没有真感情，不去帮助任何人，只在想自己的得失。所以，你误以为真正能成事的人都会在社交上做减法。

我曾经看过这样一个文案：总有一天，你会放弃身边的无效社交，学会独处，然后自我成长。

这个文案写得很励志，它给你讲了一个基本道理：优秀的人就是自己跟自己玩，自己孤独地成长然后走向成功。我曾经认为，这是这个世界上最对的道理。后来当我的世界里面只剩我自己的时候，我才发现我是这个世界上最傻的人。

那时候，我坚信要成事就得放弃无效社交，把所有的精力和时间都放在工作上，所以过去很长一段时间里我都活得封闭，跟谁都不见面，跟谁都不聊天，我就自己学习，自己成长。后来我发现，这个世界就剩我自己了。然后，我还突然增加了很多内耗。

为什么？因为我开始猜测这个世界。我一边远离这个世界，一边又在凭借自己狭隘的想象力想拼命搞懂这个世界。

什么人有本事看懂这个世界？爱因斯坦也好，霍金也好，他们都是带着更大的未知离开这个世界的。你想单靠自己就把这个世界搞明白，那你就是最糊涂的人。

拒绝社交的人也就失去了与优秀的人结交的机会。你的圈子越小，你就会越难变得优秀。

社交能力才是现代人不可或缺的核心本领。经营社交，最大的获利者就是那个经营社交的人。

你最好的变化来自身边朋友的变化

我有一个朋友，账户上有 4000 万元人民币的时候想做一个网站。一位企业家坐在他对面，对他说，这个事你不要碰。他没有把这句话放心上。后来我的这个朋友把 4000 万元都花完了，又贷款 4000 万元，直到负债达到 6000 万元才后悔当年没有听那句话。

我们身边有很多人，甚至包括我们自己，可能一直以来非常努力，也很有能力，就是一直没有什么大的成就，好像总是无法突破瓶颈。其实，困住你的不是你的能力上限。很多时候你只能停留在原有圈层做固定的事情，并不是个人的能力不足，而是你没有拿到通往下一个更广阔世界的门票。

当你只盯着自己想象力能触及的池塘时，眼中就只有屈指可数的几条鱼。但如果有人带着你换到更大的场域，你就会发现，鱼太多了！

我们所经历的失败大部分不是因为没有能力，而是来自不主动交友、不主动维护关系。没有社交能力的人就不会结网，不会结网的人无论如何努力，终将躺平在地板上。

多个朋友多条路。懂得社交的人，当你失意的时候，能多一份支持的力量；当你开心的时候，能多一份祝贺，开心也翻倍了。

人一生中所经历的最好的变化，往往来自身边朋友的变化。

当朋友变强了，你的能力也就变强了，世界也随之变大了。所以，你要成功，就要不断地交朋友，让自己身边的朋友圈子变得越来越大、越来越强。只有把自己社交的网编织得更大，让自己的朋友更多，你的路才会更好走。

有些人是一边在收获朋友，一边又在失去朋友。我们要争取让自己见到的每一个人都有可能成为自己的朋友，而不是见到的每一个人都只是跟你擦肩而过。

还有的人，一说话就让人想"他怎么还不闭嘴"，聊着聊着就杠起来了，自以为是滔滔不绝，实际上是把身边的人越推越远。

人们总是习惯把自己放得很高，看不到别人身上的优点，也不知道身边的人有多优秀。自大的人会觉得只有比我强的人才配做我的朋友，谦卑的人能够看到身边朋友的每一个优点。

一个人当然可以有超越别人的优点，甚至一个真正的成功者就是要有足够的自信。拥有强大内心的人，他能在别人面前客客气气、和蔼可亲，是因为心中有爱。他心中的爱越来越大，所以朋友自然就越来越多了。

朋友多了，资源会不会越来越多？收入会不会越来越多？帮助你的人会不会越来越多？

一个有爱的人做事情的时候，会有无数的力量，从不同的地方蹦出来，去支持他，去关心他，去推动他，这是成就事业的基础。

一个人的成功，就是成为成功者的朋友

我们的祖先早就明白了一个道理：借人之长，补己之短。而我们大部分人习惯的做法是什么？揪住自己的短处不放，费尽九牛二虎之力去补自己的短，天天拼命地学习，就为了把自己不擅长的变成自己擅长的。我承认这是一条路，但并不是唯

一的路，且不是最优选择。

我写这本书的目的之一，就是希望你懂得一个根本的道理：**真正能成事的人，绝对不是仅凭一己之力的；他一定会找到身边的"牛人"，和"牛人"成为朋友，向"牛人"学习，而不是独自钻研自己不擅长的领域。**

不要妄图成为每一个领域的专家，但可以试图找到每一个领域的专家并和他们成为朋友。

你能否走上一条正确的道路，取决于你的认知是否真的已经提升了。你是否明确地知道，真正能把你从迷茫和瓶颈中解救出来的往往不是你自己，而是遇到一个明白人。俗话说，宁跟明白人打一架，不跟糊涂人说句话。

于斌老师说过一句话，这句话刻入我的骨髓："**一个人的成功，是成功地成为成功者的朋友。**"

我身边有很多人创业，他们努力工作，真的努力，真的辛苦，但是他们的企业就是做不大，只能小打小闹。

原因是什么？原因在于他们的逻辑叫"自己成为最成功的人，而不是成为成功者的朋友"。我身边很多人都是这样。所以于斌老师的这句话，请一定记住。同时我想说，我不是一个凭借自己力量获得成功的人，我现在拥有的这些小小的成就并不是因为我有多么厉害，而是我身边有太多厉害的人在帮助我。

一个内向的人也可以拥有社交影响力

影响力是什么？最简单的理解，就是说服别人的能力。再说得通俗一点，就是说话好使，办事管用。人没有影响力，就只能够默默地做事，而人有了影响力以后，做事情就很方便。

你可能会思考一个问题：一个内向的人，能不能拥有影响力？或者说，内向的人如何在社交场合中游刃有余？

我知道现在很多人都有"社交羞耻"，他们有躲着别人的习惯，跟人见面不敢说话，跟人打交道不敢寒暄，甚至对于当众去演讲、去分享心里充满恐惧。

其实我也恐惧，我非常不喜欢当众讲话。你不要看现在的我能够在各种场合轻松社交，能够在直播间或者讲课的时候侃侃而谈，就以为我是一个"社牛"。你也不要认为我天生就是一个社交天才，我不是的。我骨子里是一个内向的人，是一个超级社恐，而且我说话还结巴。

到现在为止，我去一个陌生的地方，都不好意思问路。我内向到什么地步呢？我曾经在商场里面找不到厕所，快憋不住了都不好意思问身边的人厕所在哪儿。我就是这样一个人。

但是我的公司、企业、同事、伙伴需要我走到台前，如果我想成事，我也必须走到公众面前，所以我就站出来了，我就成了拥有几千万粉丝的恒洋老师。**我想说的是，内向和有影响力从来就不冲突。没有做不到，只有你想不想做到。**

大家记住，每个人都可以是多面的：在你安静的时候，你要有安静的一面；在你演讲的时候，你要有演讲的一面；在你有温情的时候，你要有温情的一面；在你需要冷峻的时候，你要有冷峻的一面……

所以，虽然我骨子里是个内向的人，但是在需要我去社交的时候，我就有了社交的一面。

人的变化来自哪里？**人的变化来自不断地探索自己的可能性。人可以拥有各种能力，但是你不探索你的可能性，你就拥有不了任何能力。**

内向、社恐，这是你的性格，但是社交、影响力是一种能力。每个人都可以具备多种能力，每个人都有无限可能，那么最核心的问题就是你自己愿不愿意行动。

你探索什么能力，你就拥有什么能力；你不探索这个能力，你就没有。而且我再告诉你一件事，**这个世界上没有你学不会的事。**但是如果你的脑子里已经形成了一个非常固化的思维，认为某件事情你学不会，那么你就是在给自己设限，是你在扼杀自己的可能性。

大部分人都迫切地想要实现人脉转化，实现圈层落地。但事实上，你可能会发现，自己通讯录的好友列表里有几千人，身边也有不少厉害的大人物，但他们却没有成为你真正的人脉，你的圈层也没能转化为财富。

如果你发现自己身边可以用起来的人脉微乎其微，撬动圈子的时候非常费力，甚至不得不变得谄媚、卑微，那你身上一定存在一个问题——没有足够的影响力。

你没有影响力，身边所有的人都会低估你，因为他们并不能真正看到你的能力。但如果你是一个有影响力的人，你就是唯一低估自己的人，因为你的影响力在晕轮效应的加持下，会让所有人都对你高看一眼。

我相信翻开这本书的人，一定都想要拥有影响力，无论你是外向的人还是内向的人，哪怕你觉得自己是社恐。我要告诉你的是，当你翻开这本书的这一刻，你的命运就在开始改变。

最后，我想送给此刻正在看书的你一句话：

如果你有影响力，你是这个世界上唯一可能低估自己的人；如果你没有影响力，你是这个世界上唯一可能高估自己的人。

恒洋

2024 年 8 月 21 日

你的局限都源于
人脉不够
贵人扶持一步胜十年
命运的拐点从你学会
"攀高枝"
每个脱颖而出的
人都极具影响力

心法篇

你的局限都源于
人脉不够

———

一时有人相助，可能是运气；
一直有人支撑，那就是实力。

01.
贵人扶持，一步胜过十年路

人必须得有朋友，还得有很多的朋友

社交能力是现代人核心的本领，很多人努力了很多年，一直没有结果，其实不是个人的能力无法突破，而是眼光和环境出了问题。所以，我们要有社交的意识，只有把自己社交的网编织得更大，朋友多了，路才会好走。站在巨人肩膀上，你看到的风光自然也会和别人不同。

会交朋友的人会让每一个见过他的人都喜欢他，会让每一个见过他的人都愿意伸手帮助他。**人必须得有朋友，还得有很多的朋友。**这样，在遇到困难的时候，你的人品会在那一刻转化为你的资源和能力，转化为你无限的边界。

要找到你身边真正能帮助你的、值得去跟随的人，他们是愿意改变你的人，能够赋能你的人，能够点醒你的人，甚至能够骂醒你的人。

有的人和别人在一起，既不去探讨事业，也不去探讨成长，天天在一起吃喝玩乐，这就是狐朋狗友。要远离他们，毕竟鹤立鸡群最终只有两个结果：要么把鸡给逼死，要么就是被鸡同化。

只有那些指导你，哪怕是批评你的人才是真正为你好的人。

有一个学员，日常生活中非常内向，其实他心中有乾坤，手中有方寸。他是一个认真努力的人，只是不愿意跟人交流沟通。后来，他上了我的课之后，我收到了他的感谢信，信写得很诚恳。

老师，非常感谢您的课。

在工作中，我有一位师父，他非常愿意带我和帮我，但是他每一次跟我沟通的态度，我都接受不了。他说话的时候，态度总是很激烈，不属于那种和气的，所以我心里虽然知道他是在对我好，但就是不给他回应和回复。

他给我发信息，我也不回复，更不去表达感谢。

但是老师，在您的课堂当中我学到了一件事：要感恩那些指导你的人，要感恩那些帮助你的人。因为指导你的人和帮助你的人才是希望你好的人。

后来，这个学员到恒洋瓦上过课后，对自己的行为做了很深的改造。他开始去感谢身边这位"刀子嘴、豆腐心"的师父。当他真正打开自己的那一刻，他的师父开始真正地指出了他的问题，并告诉他接下来应该怎么走。

很多弯路都是自己过往习惯走的路，所有的捷径都是高手告诉你的路。跟高手在一起才能够成为高手，向上社交是一个人领先同龄人最直接的方法。

在你的朋友圈子里边，在你的好友列表当中，有没有至少一个这样的人：如果他愿意出手帮助你，如果他愿意开口指点你，如果他愿意花时间带领你，你一定会变好。

有没有至少一个这样的人？

贵人扶持，一步胜过十年路。

好朋友是育人的，坏朋友是毁人的。有人说，因为对方太优秀了，而我自己一点都不优秀，人家没有理由帮助我。

企业家、大老板或非常有成就的人见到任何人都是客客气气的，那些没有成就的人，或还在拼搏当中的人，却往往一副骄傲之姿。

为什么越是大佬越谦卑，越是厉害的人物越低调？是因为他们知道每一个人背后都有高人。有的人看起来一般，但你不知道他的朋友是谁，也不知道他身边围绕的是谁。所以，那些厉害的人并不会只看别人表面厉害不厉害，就判断是否与其交往。我们再想想看，他们会不会搭理其他不厉害的人？

那么，为什么我们不让自己成为他们结交的对象呢？

用 20% 的智慧撬动 80% 的资源

这个世界是遵循着二八定律的，20% 的人占有 80% 的财富。也就是说，20% 的人优秀，80% 的人平庸。那么，摆脱80% 那个圈子就是你迈向成功的第一步。

如果一个人天天只知道跟自己较劲，那一辈子就是螺丝钉。哪怕机会出现在面前，换了道场，换了工作，甚至换了身份,他还是习惯去做一颗螺丝钉。

20% 的人用脖子以上挣钱,80% 的人用脖子以下挣钱。

我们要用 20% 的智慧去撬动 80% 的资源、人脉、机会。

每天只靠自己体力血拼的人要理解,我们做事的时候,至少有两种方向:一种方向,不断地帮助你;另一种方向,不断地消耗你。

同样是挣钱,但有的钱赚得让自己的资源越来越多,有的钱赚得却让自己的资源越来越少。

所谓阅人无数,不如高人指路。成事的人,是细节加人情。

十几年前我上班的时候,有一次加班,老板叫我去吃饭。我去了,吃饭的时候,也不去想加班的事。吃完饭,我站在门口和老板聊天,我说:"老板,我今晚有加班任务,您叫我吃饭的时候,我当时就在犹豫是来还是不来呢?但是我想到了跟您相处很难得,跟您在一起是机会,我又想跟您在一起,所以就跟您来了。现在跟您吃完饭以后,我得马上回公司去加班了。"当时到午夜了,我接着说,"您等车,本来我应该在这儿陪您,但是我怕明天上午 9 点策划案交不到您的桌上。"说完,我转过身朝公司走去。

可老板叫住我说:"要不然你后天再给我吧?今天喝酒

了，咱俩又聊天了，后天吧。"

我跟老板说："我答应您明天9点放在您桌上，就一定会放在您桌上，您刚才跟我说让我后天再交给您，谢谢您，但是我一定会去加班。"我再也没回头，直接上公司加班去了。

不少人问过我，工作没完成，老板叫你吃饭，去不去？我用自身经历告诉你，老板叫你去，你就先去了再说。有人说这叫耍小聪明。

我认为能够跟自己上司、自己老板走得近，这叫智慧。跟老板相处的机会其重要性要大于我手里正在干的工作。

很多工作狂，天天忙着自己手里的工作，根本就不管老板在想什么，公司的战略到底是什么。跟老板相处、交流、说话，收获的资源和信息，就是竞争的有利条件。

你得到的，取决于你参与进去的程度

有人迷信个人能力，觉得只要是天才，就能战胜全世界。那么，乔布斯有没有自己的公司、团队、合伙人？巴菲特、比尔·盖茨是不是都组建了自己的战队？既能忍又可以狠，横向可以整合资源，纵向可以让团队不断壮大。

我曾经认为人情世故、人际关系是虚伪的，我不知道当时哪儿来的自信，甚至会可怜那些去社交的人，我说："这些人每天活在阿谀奉承当中，每天活在溜须拍马当中，真是悲哀。"

有一个词叫"社恐"，我当时是"社烦"。只要得知今天有可能要去参加一个饭局，要去接触一个人，就很烦，不高兴，不开心。直到有一天，我的好朋友直白地告诉我："以后你不要再来参加我的饭局了。我刚把氛围弄得热热闹闹的，你往那儿一坐，一脸不高兴，显得我们所有人都欠了你什么，别来了。"

当时我就想，我自己多年的好朋友都能跟我提"别来了"，我到底给别人带来了什么。我没意识到自己的恶劣影响，只觉得自己是个不被注意的旁观者，看别人互相寒暄而已。但大家都觉得我太不合群、高冷、低气压，没有人愿意跟我交朋友。

那时候的我，只要约别人吃饭，对方就会问一句："还有谁？"

太伤自尊了！因为"还有谁"决定他要不要来。

我明白了一件事，冷着脸，在哪里都不会带来好氛围。

一个人想要真正地融入社会，就要有多个频道的状态！

多个频道指的是，在生意场上，调频到商务语言；回家，调频到亲子沟通；见亲朋好友，调频到热情的状态。

人真正能够干成一件事，不是因为他的能力，是因为他养成了某种习惯。没有养成参与的习惯，你就不会参与一件事，下一件事也不会参与。

把一件事情干成，不仅靠能力的提升，还需要那种已经养成的可以把握机遇的习惯。**能力只能够让人找到生存的下限，而好的习惯会不断地带你突破、向前，把你带到更高的地方。**

参与感是现代人要养成的重要习惯，如果见到任何事你都不参与，都没感觉，也不去做，就不可能遇到机会。

缺机会的本质原因是缺乏参与感。如果一个人遇到任何事都在旁观，都不往里边冲，只是等待，那么机会永远是别人的。**失败的人就是等着被分配的人。**

向上社交，必然会让人感觉到自卑和焦虑。如果你现在还是踏踏实实地待在自己的舒适圈里面，焦虑早晚会来到你身边，而且你早晚会束手无策。

如果没有改变认知，那就会陷入简单赚钱的模式：赚钱攒钱、赚钱攒钱、赚钱攒钱。万一遇到一件大事，或者遇到一场大病，又或者遇到自认为能够变好、变强、变厉害的"假机会"，挣到的钱就会被一次性全部收割。

我看到很多人靠自己打拼、努力，攒了一些钱，接着身边就出现了很多骗子和投机的机会，一个头脑不清、把持不住，就会一切归零，从头再来。

挤不进去的圈子才要硬进

有人说，自己没有实力，谁会帮你？自己没有能力，还想靠别人吗？

实力是哪里来的？你的朋友、老师、领导、贵人，这些能够给予你支持和帮助的人脉是不是也是一种实力？靠自己并非一定没有结果，只是成功来得可能有些晚。因为要把弯路走一遍，导致不成功的风险太大了。

个人的能力，除了天赋，大多数都来自有明白人愿意教你、带你，愿意在你身边喋喋不休，愿意在你身边批评指点。

但是，这个世界上只有父母才会无条件地跟在你身后唠叨你。那所谓的贵人相助，并不是你往那儿一站，冷着一张脸，一言不发，就有贵人过来指点你。而是他看中了你身上的某一个闪光点，愿意跟你交往，而你在这个时候恰好抓住了机会。

当然，抓住机会这个事也不是那么容易的。比如你有幸见到了一位你很崇拜的业内大咖，想加个微信，人家没同意，那怎么办？放弃吗？不能放弃。

如果一次努力失败以后，你扭头就走了，这就好像你到了一个游泳池里面不会游泳，如果这次决定不游了，那这辈子可能就学不会游泳了。又好比你学骑自行车，上了自行车以后"啪"地摔了一个跟头，就说"不骑了，不学了"，那你可能就再也骑不上这辆车了。

生活中，哪件事情不是多干一次以后才能够掌握的？

特别好吃的蛋炒饭、河粉、粥、馒头，好吃的原因：第一，做美食的人一定做了很多次，经历过失败，持续地去追求，所以能够比别人做得好；第二，他学到了一个窍门，有好老师指导；第三，用心。能够把这三点做好，就能超越80%的人。

挤不进去的圈子才能够让你成长，挤不进去的圈子才要硬进。

一个人自然而然能够融进去的圈子是向下社交，在里边待着有一丝丝不舒服的圈子是平级社交；还有一个圈子一开始不带你玩，不在意你，让你觉得自己跟别人不在一个水平线上，这是向上社交。越是这样的圈子你越要挤进去，哪怕它会给你带来很大的冲击。

大部分人犯的最大的错误，是希望别人理所应当地帮助自己，对自己好。遇到一件事情的时候，很多人心中所投射出来的是，万一挤不进去，万一没有人理我，万一没有人搭理我，万一我不行……那些成功的人，脑子里面想的是万一挤进去了呢？万一成功了呢？万一有人带我了呢？万一碰到好人了呢？而**失败的人，脑子里面永远会投射：不行怎么办？**

其实，失败都不怕，还怕丢人吗？

别人眼中的高人、大咖，也有不为人知的不易。他们在这个世界上也经历过被欺骗，也受过伤，也吃过闭门羹，他们一定也结交过很多有能力但是没有品德的人。他们受伤了，明白了一件事：要选择有品格的人，把自己培养成有能力的人。

所以，如何吸引你的贵人？

你嘴里说什么样的话，就会吸引什么样的人，说了正确的话，贵人就愿意向你伸出援手。

如果一个人有感恩的心，时常说感恩的话，他人、贵人很大概率会伸出援手。一个厉害的人，看到了一个真正懂感恩的人时，他不帮这样的人，他自己都会难受。

社牛是一种整合思维

有个词叫"社恐"。我们可以这样判断，当一个人见到陌生人之后，不管内心是否紧张，见面效果是能超水平发挥还是低于日常水平发挥？低于日常水平发挥，就是社恐；能超水平发挥，那就是社牛。

社牛都有一种整合思维。整合思维就是：自己没有什么就去借什么，没有人就去找人，资金不够就去借钱，只要依托于这种思维，几乎没有干不成的事。在这种思维下，和陌生人可以合作，和竞争对手也能双赢。

我家曾请过一位家政阿姨，她每天忙完就在小区里面遛弯儿，去跟其他的阿姨互动、交流。有趣的一件事情是，她不只是跟阿姨们闲聊，她还拿到了其他阿姨的联系方式。她把我们院里所有阿姨的微信加了一遍。

有了这些微信后，她开始动了一个念头：组建自己的团队。拥有了"阿姨圈"的她，还是一个普通的阿姨吗？带着这些联系方式,她找到了一个家政公司,家政公司也需要资源,她去跟家政公司谈判,这就是大佬思维,而且注定可以经营出自己的生意。

她现在有了自己的家政公司,还做起了小买卖,先是从烤串变烤串店,现在又增加了牛肉面。在家政公司,她现在已经是"二把手",也不用亲自做卫生、帮别人带孩子了。

洛克菲勒说,哪怕拿走我所有的财富,如果有一支驼队从我面前经过,我也可以重新建立我的商业帝国。

一个人身边的资源是有限的,要把开拓新的资源当成一种习惯。

成功的人永远会去认识新人,永远会去开拓自己身边的资源,而很多人却从不开拓。一个人身边有5～6个非常好的亲戚、5～6个非常好的同学、5～6个关系处得还不错的同事,这15～18个人就承包了一个人一生的朋友数量。所有的感动,所有的际遇,所有的麻烦,所有的期许,都会和15～18个人一起。

当一个人真正拥有了自己的战队,当挑战来了,他就会开心,会高兴,不会烦。因为他明白了挑战背后是非常庞大的机会。

社交心法第一式：
盘点好友列表

在你的好友列表当中，有没有至少一个这样的人：如果他愿意出手帮助你，如果他愿意开口指点你，如果他愿意花时间带领你，你一定会变好。

如果有，请回忆一下，自己上一次和这个朋友联系是什么时候？

如果没有，请给自己设定一个目标，在未来的一个月或者一年里一定要交一个这样的朋友。

高手复盘

1. 找到你身边真正能帮助你的、值得去跟随的人。
2. 用 20% 的智慧撬动 80% 的资源。
3. 缺机会的本质原因是缺乏参与感。
4. 挤不进去的圈子才能够让你成长。
5. 常怀感恩的心,常说感恩的话。
6. 社牛都有一种整合思维。
7. 要把开拓新的资源当成一种习惯。
8. 成功的人永远会去认识新人,去开拓资源。

02.
命运的拐点从你学会"攀高枝"开始

自己闷头干一天,不如高人指点一句

靠自己能力打拼的人,容易忽略社交的重要性。

有些人靠着自己的能力不断打拼,获得了一些成绩后,容易犯一个错误——只相信自己,不去请教认知和能力更高的人。这将会让他们最终走进死胡同。我特别想让在"死胡同"里边的人走出来,不要在那个胡同里打转。

我曾经在工地干过活,也爬过50米的铁塔。我当时左手拿钉子,右手拿锤子,把钉子按照固定的位置,打到一个木头里边去。有几百个钉子要让我去打,一个动作要重复几百次。

由于我没有用过锤子,又怕这个锤子砸到我的手,于是我拿锤子的把手就非常靠前。其实拿锤子应该是拿锤子柄,但是由于我怕砸到手,便拿到了锤子肚上。

我开始砸钉子,我想砸得准,又想砸得快,但是始终埋头苦干的我,效率很低。这个时候有一个师傅出现在我面前,说:"你这样砸下去,天黑了也打不完。"他去工具箱里边拿了一把钳子,用钳子的前端夹着钉子,这个时候再怎么使劲去砸钉子也砸不到我的手,充其量会砸在钳子上。

他又教了我拿锤子的方法,效率果然就提高了。

成长和改变之间有什么区别?成长当然没错,但成长的方向如果有问题,你再精进自己,也没有办法提高效率,甚至有可能求而不得,事倍功半。所以,要学会改变。"困而学之,又其次也;困而不学,民斯为下矣。"

高认知的人带人一天,顶一个人努力十天。

如果你认为只有钱才是人生最大的底气,那么你的认知还停留在较低的水平。但一个人若拥有一种真正的本领,他就一定会成为一个高手。这个本领就是：求。

懂得去请求别人的帮助，哪怕你没有钱，也不会步入绝境。你也不会怕身边出现什么突发状况，因为一定会有人来帮你。

然而，很多人低不下头，不懂求人。

你仔细想想，我们大部分人是不是都耻于向别人求助？而且我们对于那些强者向我们伸来的援手，有的时候是拒绝的，这是我们所有人走进的一个误区。

请求是一种很不起眼但其实非常高级的本领。很多人把"站着把钱赚了"理解得很极端，导致损失了很多钱，也丧失过很多机会，根本没有把自己身边那些有能量、有力量、有高度、有财富、有格局、有眼光、有野心、有价值的人用起来。

可以想赚钱，但不能只想着用时间去换钱。

别把自己的时间用在交换金钱上，别不舍得去求别人。

人跟人之间的区别不是银行存款里的数字，而是你的底气和他的底气完全不同。

有的人一出门，就把利益这把"枪"藏在后背。只要有机会，就朝着别人来一枪，甚至有人把只见面、挣不着钱的社交称为无效社交。见到任何人都想赚钱，见到任何人都想从人家兜里掏点钱。

穷人经常把自己的朋友当作销售的对象，而富人是通过钱去换朋友。穷人越销售越没有资源，越销售越销不动。

反之，如果一个人见到任何人都想付出，都想服务，都想对他好，那么他就有机会，有钱赚，有未来，这逻辑是完全不一样的。

赚钱没有毛病，问题是，只要你一开始赚钱，一开始去贪，碰到的任何人，你都想赚他们的钱，就会导致：第一没朋友，第二没机会，第三没未来。

如果希望自己的业务出现大的突破，它一定是来自更高的平台和更厉害的想用你的人——你是谁，取决于谁使用你。

人要有一种能成功的自信。世界上所有的事，除了死亡都是擦伤。

有人宁可一辈子努力地受累，迷迷糊糊地过，也不愿去找个厉害的人给自己提供帮助。而争取他人的帮助，会让自己的适应力变得更强，变得能适应社会，适应身边的资源，适应其他人，适应机会，适应挑战，适应可能性，甚至适应自己的对手。

高成功率的事业，往往来自"继承"

A.C.尼尔森曾经在全球做过一项调研：全世界所有创业者中成功率最高的是哪种类型的创业者？

大家都知道，创业是一件很难的事情，创业要跟自己较劲，跟社会较劲，跟人较劲；创业有成功的，也有失败的，一旦成功，你就算上了一个台阶。请你猜一猜，创业成功概率最高的人，他们是靠什么成功的？

A.C.尼尔森的调研发现，全世界创业者成功概率最高的那些人，他们都在自己过去工作的公司学会了关键技能，或者掌握了核心的商业模式，然后再去创业开公司。他们开的公司大概率会活得不错，甚至存活率超过10年。

你仔细回想一下，我们身边那些比较稳定的创业公司，是不是都是这类型的？在中国的传统认知中，有没有这样的事存在？你有没有听过这样一句话：教会徒弟，饿死师父。这句话讲的是不是也是同一个道理呢？

A.C.尼尔森的调研既向我们展示了一个商业道理，也向我们展示了一个商业模式——**继承**。比如，创业者继承了前领导的教诲，徒弟继承了师傅的衣钵。

你有没有注意到，很多城市里随处可见的麦当劳、肯德基、711、瑞幸、蜜雪冰城？全国各地都有同一品牌的产品、同一品牌的模式、同一品牌的内容，它们是不是继承？连锁加盟模式是不是继承？

你会发现，全世界很多公司都把"继承"这件事情研究得很透彻。这个时候你就懂了，**内部的继承能够成就一个公司快速的扩张、裂变。向内的继承能够让公司壮大，而向外的继承能够让一家新的企业立足，这就是创业。**

让我们来回顾一下早期的互联网，新浪、网易、搜狐、百度这些名字熟悉吗？这里边的每一个公司都可以对标一个西方公司。这就是 A.C.尼尔森公布的调研结果中所蕴含的真理。

所以，大家一定要明白一件事情，**全世界所有高成功率的事业，基本都来自继承**，而不是创造。如果你想要提高自己的成功率，那你应不应该去研究一下继承这件事呢？

而我现在想扎一下大家的心，大部分的创业者认为自己很厉害，但却很难成功，那他们的失败来自哪里？大部分来自过于相信自己的能力，他们想要去创造，而不愿意继承，认同吗？

你觉得自己最厉害，觉得自己最优秀，你想去创造，不屑去复制成功的商业模式。我想告诉大家，现在有很多商业模式，它们之所以成功，之所以规模日益壮大，其根本的优势并不是创新，而是复制。而这种复制，其实就来自继承。

你是把精力放在创造上，还是把精力放在继承上，将对你的未来起决定性的作用。

你知道是谁最先发明了保暖内衣吗？相信大部分人并不知道。但是后来采用了"保暖内衣"这个概念的很多公司都赚得盆满钵满，有趣吗？"保暖内衣"这个概念的发明者最终默默无闻，而这个概念却火遍全国。

所以，你觉得在日常生活中是继承、复制的多，还是创造、创新的多？

讲个粗俗但很有意思的例子。如果可以选择出身，你会选哪种？第一种是你来到这个世界时什么都没有，需要你自己去打出一番天地。第二种是当你来到这个世界时，你就有一个好家庭，你不需要自己去打拼就能拥有很好的生活。你是选择自己独自拼搏、白手起家，还是选择有一个好的出身、好的家世背景呢？

如果让我来选择，我一定不会选择前者。

所以，**如果你想要提高自己成长的速度，想要拥有更好的发展，你首先应该去找到那个可以托举你的"好家庭"。**

这个人或平台能为你提供认知、资源、帮助，甚至会给你一个新的起点。

和有钱人交朋友，会让你变得更有钱

如果你感到迷茫，在自己的事业或创业的过程中迷失了方向，甚至遇到了瓶颈，不知道下一步应该怎么走，那你的迷茫并非源于你能力不够，也并非因为你的知识不够，**其实它们都来自一件事情：你的圈子不够。你身边没有一个能够指点你、教导你、带领你的人。**

著名的科学期刊《自然》发表过一篇论文，研究人员通过脸书上的210亿条关于友谊的记录分析发现，**和有钱人交朋友可以让你变得更有钱。**

这个时候你可能会有一个疑问：有钱人在哪里？记住这句话：**贵人出现在贵的地方。**

我人生最低谷的时候，攒了8000块钱去参加一个游学班。这次学习改变了我的命运，我遇到了创业者，遇到了投资人，遇到了各式各样各种行业的专业人士。我现在还在跟这个班里的很多人交往。

花钱买学习的路，花钱买见识，花钱买自己的新造型，再回到社会上，用新的自己赚钱。可惜的是，很多人连钱都不舍得花，不愿意花钱认识别人。

比尔·盖茨说，我一定要让自己被聪明人包围着。如果我们去了一个房间，发现自己是其中认知最高的人，那我们可能去错了房间。

一个人努力，提升永远是线性的

我看到一个很奇葩的现象，一个人靠着自己不断打拼，获得了一些成绩以后，遇到了事业上的瓶颈，于是他开始闷头独自思考解决方法。他犯了一个致命的错误：不去请教更厉害的人，不去请教比他的认知能力水平更高的人，而是特别地相信自己。

这样的人会走向一个地方，那个地方叫作死胡同。现在无论是创业的还是就业的，说心里话，太难了。创业的没有希望，就业的没有安全感，大家都在迷茫的过程中，看到好像是个机会，才选择去努力，但是又不知道这个努力有没有结果。

你努力了吗？努力了。你做了吗？做了。但是未来会怎么样？不知道。你觉得一切只能交给时间，交给命运。

人跟人之间的差距是怎么产生的？**一个靠自己努力的人，他的成长模式永远是线性的。**你会不会提升？会。会不会往上？会。会不会向前？会。

但永远是线性的。

而且你还要预防一件事情：外界环境的变化。如果外界环境发生了变化，立马就切断了你的收入来源，切断了你未来的路，切断了你的一切。

举个例子。我有一个朋友，他在15年前赚到了自己的第一桶金，之后又赚到了自己的第二桶金，然后他开始买房子——北京周边的三河、香河、燕郊以及郊区的门头沟，后来他甚至在北京之外的地方买房子。他把他所有的钱都拿去买房子了。

我想请问你，当时他的做法对不对？

那些年房市确实是风口，房价居高不下，营造出一种只要投资房地产绝对稳赚不赔的假象。我为什么说是假象，看看近几年的房市行情你就知道了。

所以我这个朋友凭着一己之力，差点走上人生巅峰，最后也还是凭着一己之力功亏一篑。他现在为了还当年买这些房子的贷款，不堪重负。而且他当年买的这些房子根本就没人住，卖也卖不掉，租也租不出去。

那这个时候我就想请教一个问题：你觉得这种人是不是精英？他靠着自己的努力，靠着自己的打拼，赚了非常多的钱，然后买了十几套房子，对吧？从能力上来讲，他是不是精英？他是精英。他每一步都踩在这个时代的红利上，他该赚的钱赚了，该做的投资做了。那我就想问你：他做错了什么？如果要让我来做判断，他只做错了一件事情，那就是他不断地、频繁地过度相信自己，而没有去找身边的贵人，没有去找身边优秀的人，商量一下。

巴菲特曾经说过一句话：**一般人只能从自己身上学习，而真正厉害的人是能够从别人身上——别人的成功、别人的失败上去学习的。**

遇到瓶颈时不要懊恼自己能力不足，而要寻求高人的支持。所谓高人呢，就是认知与能力都比自己高的人。这样的人，如果愿意拉你一把，愿意指点你两句，你的困境也就能迎刃而解。这样的人，就是你生命中的贵人。

有很多人会问我："老师，那些厉害的人凭什么帮助我？"

我会反问一句话："他有没有帮过别人？"

就是这么简单的道理，如果对方回答"有"，就可以继续追问,引导他思考,厉害的人为什么帮别人不帮你?

我曾经给自己的一批学员留下了功课,就是:**每天至少和一个陌生人沟通半个小时以上。**很多学员照着做了,很多学员都有收获,后来都向我表达了感谢。

这其实就是强迫他们与更多的人互动,跟越来越多的人互动。

还有的人,宁愿去看书,不停地学习,也不愿意想办法跟别人建立深厚的关系。这样,就没有办法跟别人去交流、互动。

所谓"攀高枝",就是永远跟强者站在一起

5年前(2020年)我就站在讲台上说,我把我所有的房子都卖了,我手里边一套房子都没有了。

那个时候有人说,这个人胡说八道,不要听他的。

事实上,当时我讲这句话的时候,仅仅是在陈述一个事实。我只是在告诉你们我的房子都卖了,至于你们卖不卖,决定权在你们手里。我是在房价还没有跌的时候,在最高点的时候卖出去的,你现在再卖,局面就完全不同了。

我当时为什么敢那么笃定地做出这样的决策？因为我不是单打独斗，不是孤军奋战。虽然我不是研究房地产的专家，自己也没有这样的眼光和远见，但是我身边有这方面的专家，有懂行的人，有我信任的大哥、贵人，他们告诉我赶紧卖，于是我就赶紧卖。就这么简单，跟我自己的能力高低没有任何关系。所以，身边有厉害的人是一件非常了不起的事情。

那个时候有的学员甚至因为这件事情过来找我探讨。他说："老师，我回家跟家里人商量了，他们都说这个时候不能卖，老师你又说能卖，那我到底应该怎么办呀？"

我当时的回答就是："我没办法替你做决定，没办法告诉你应该做什么，我只是告诉你我做了什么。"

你的迷茫是不是就这么产生出来的？你接收到了一个信号，某个厉害的人做了这样一件事，然后你身边的人又告诉你不能去干这件事，于是你的想法开始拉扯，做或者不做，你已经没办法做决定了。

我的目的并不是探讨房地产问题，只是想告诉你一件事情，**商业世界中，最值钱的叫信息**。谁获取了优质的信息，谁就能够走在时间的前面。而优质的信息不会自动从你的脑子里生发出来，而是在各行各业的大佬那里——在他们的认知中，在他们的逻辑中，在他们的行为中。

所以，为什么我能做出正确的决策？原因很简单，我身边有一群很厉害的人，我也确信他们的信息是前沿的。我能够获得这样的信息，我就能做出正确的决策。

你遇到的所有问题和未来即将展现在你面前的所有机会，都在牛人手里。

最近这几年我们发现，很多人懂得的商业词汇越来越多，知道的东西也越来越多，明白的事也越来越多，但是赚到的钱却越来越少。原因是什么呢？你根本不去社交，不去"攀高枝"，甚至在我们大部分人的观念中，攀高枝似乎是一种令人不齿的行为。而在我看来，这种认知太肤浅。

在我的世界中，我永远向有结果的人学习。这在我的血液里面起到了重要的作用，借人之长，补己之短，无可厚非。而大部分人在做的是求己之短，补己之长，天天玩命地学习，记笔记，不与鲜活生动的人去交流和学习。

"攀高枝"不等于功利地攀附权贵。所谓"攀高枝"，就是永远跟强者站在一起，是一种向上社交的思维。

那你也许会问，你也想和强者站在一起，你也想"攀高枝"，为什么没有人帮你？为什么没有人成为你的贵人？原因很简单,但却绝对颠覆你的认知。因为你看起来太厉害了!

你在所有人面前都表现出自己很厉害的样子,你在很多人眼里是个无所不能的人。你有没有发现,当你越是要证明你厉害的时候,你身边的贵人就越少。

我希望你能明白一个道理,**你之所以越活越孤独,越活身边越没有贵人,最本质的原因,是你太厉害了**。你不需要任何人的帮助,你是世界的主宰,所以人家凭什么帮你?想帮你的人,敬而远之——这个人帮不了,太厉害了。

你的价值,取决于你身边的人的价值

一瓶水放到小卖部卖1元,放到超市卖3元,放到餐厅卖8元,放到酒店卖15元,放到景点卖20元。这瓶水没有丝毫变化,但它的价值却随着它摆放的位置不同而发生了变化。

同样地,你的价值有多高,取决于你站在什么位置,取决于你身边站着什么样的人。

别人怎么看待你,不是你决定的,而是谁去你家做客。所以,古人对于有成就的人,有这么一句评价:"谈笑有鸿儒，往来无白丁。"讲的不是这个人有多牛，而是这个人真正变成一个牛人，是因为这个人交往的人都是博学多才的人。

一生当中做的任何设计，都不如给自己设计一份独特的人生经历。

贵人扶一步，胜过你自己走百步。就是这样一个道理，如果有贵人帮扶的话，你自己的人生一定会发生改变。

人生遇到的最大的问题，恐怕就是身边出现了厉害的人，但却不是自己的朋友，而仅仅是躺在自己的好友列表里面。

没有跟任何厉害的人产生交集，这也许是很多人一辈子吃的最大的亏。生活中，遇到的所有问题的答案和即将展现在自己面前的所有机会，都在高于自己的见识中。

> 学员分享

成功不是一场孤军奋战

人物名片

张鹤予
来自陕西西安,是一名医务工作者。

人生格言:成功靠的并不是孤军奋战。

初见:这一见,打开了新世界的大门

我第一次见到恒洋老师,是2020年9月份的一次线下课。上完恒洋老师的课后,我的认知打开了,思维也提升了,人生一下子就步入了新的轨道。我觉得恒洋老师帮我打开了新世界的大门。

之前我是部队医院的一名医务工作者,性格比较内敛,平时很少和人交流，人际关系上处于一个比较封闭的状态。从大学毕业到2020年，我一直生活在一个狭小封闭的环境中，每天努力上班，过着朝九晚五的生活。

在认识恒洋老师以前，我从未想过自己的未来能有什么新的变化，我感觉自己的人生从工作那一年开始，就是日复一日的复制粘贴，好像一眼就能望到头。但是，恒洋老师的出现，让我第一次开始渴望成长。

他告诉我们，人的成长比成功更重要。**他还告诉我们，成功并不是说要去孤军奋战，仅凭自己的能力能到达的高度是有限的，只有撬动你周围的人脉资源，才能够突破圈层。**

一直回避社交的我，第一次萌生了要尝试社交的想法。后来，我通过主动社交，结识了很多生命里的贵人，他们有的在事业上对我提供帮助，有的成为我人生的导师，有的和我建立了深度关系，成为很要好的朋友。

这个时候我才知道，人跟人之间的社交很重要，别人对你的好感也是别人对你的为人的认可。所以，当你真正打开自己的时候，就会有更多的机会结交人脉，获得更多的资源。

智慧：地低为海，人低为王

小时候我的父母也会教我一些为人处世的道理，但我自己没有真正实战领悟，而在恒洋老师的课上，我们是一边学习，一边实战。

例如，曾经的我在面对聚餐、聚会的时候会本能地推辞。那时候的我认为，饭局无非是几个人在推杯换盏间吹吹牛皮，完全是浪费时间。

我当时在专业能力上已经做得非常好了，我的内心对于这种社交是充满不屑的，所以即便我去了饭局，也是往那儿一坐，既不聊天也不互动，永远只会夹眼前那一道菜。如果眼前空着我就干等着，更不会去照顾身边的人，反而每次都是等着别人给我倒茶、换骨碟。

那时候的我，从来没想过在聚餐里藏着很多的贵人和机遇，反而觉得出去社交是一件特别没必要的事情，不仅浪费时间，还让我浑身不自在。

巧的是，我跟恒洋老师学习的第一课就是"聚餐智慧"，而其中的智慧就体现在你是否有服务意识。

当然，恒洋老师并不是真的让我们去当服务员，而是告诉我们要尊重每一个人，要把自己的姿态放低，把更多的关注放到饭桌上的其他人身上，而不是只顾着自己大吃大喝。

人跟人之间的每一面都很宝贵，有些人可能一辈子也就那么一次见面的机会，而这样的一面之缘很可能就能给你带来一个新的机遇。但是，你怎么能够在第一次见面就让别人记住你，甚至在分别后会想起你呢？

有的人可能是抓住一切机会展示自己，试图把所有人的关注点都吸引到自己身上，想要成为聚餐的主角；有的人可能会殷勤地为个别人全程服务，因为他知道自己有求于对方。

恒洋老师却没有这么做。他在聚餐时，既不会去抢主角的位置，也不会把自己当作哪位大哥的小跟班。他会真诚地为在场的所有人服务，甚至对饭店的服务员都是态度谦和的。

恒洋老师的每一个动作都充满细节，让人觉得如沐春风，你不会感到压迫，也不会觉得尴尬。**他之所以能够做得如此坦诚，全是因为在聚餐中他是那个放低姿态去给予的人。这就是他常说的："地低为海，人低为王。"**

当我带着这样的心态再去参加聚餐的时候，我发现自己再也不会感到紧绷、局促了，我也能够自然地给大家倒茶、分菜、换骨碟了。而当我发自内心地去做了这些事之后，我看到的聚餐和我之前看到的也就完全不一样了。

感恩：成功并不是靠孤军奋战

我其实一直知道社交非常有用，但是在遇到恒洋老师之前，从来没有去深入地探索过这个事情。

首先，以前作为一名医护人员，每天接触的就是病人跟科室的工作人员，所以我觉得自己可能并不需要过多的社交，只要做好本职工作就行了。当我从医院辞职以后，从那个相对封闭的圈子突然来到一个开放的圈子，才真正体会到社交的必要性，才想到要去突破一下。

我觉得那个时候的自己就像一张白纸，是恒洋老师让我完成了属于自己的诗篇，拥有了现在的风采。这也应验了恒洋老师那句话，成功有时候并不是靠一个人的孤军奋战。

人生真的特别需要一个明白人，在你困惑的时候为你解惑，在你迷茫的时候给你方向，在你脆弱的时候给予力量。恒洋老师就是我身边的明白人，是我的贵人。他的一句话、一个举动，可能就会改变我的一生。

我是在一个部队家庭长大的孩子，后来又去了部队医院工作，所以一直以来我所处的环境都是比较严肃的，也没有那么开放。这就导致我很少向家人、朋友表达爱。我连一句"我爱你"都没办法对着家人说出口。

但是现在，我回到家，会很自然地给妈妈一个拥抱，给爸爸一个拥抱，给我的孩子一个拥抱，有时候也会亲吻他们。我爸妈一开始很不适应，让我别来这一套了。但是恒洋老师鼓励我一直坚持下去，后来没多久我的家人和朋友就都适应了，也会在我抱他们的时候抱抱我。我8岁的女儿也学会了主动抱我、亲吻我，表达她对我的爱。

我觉得恒洋老师是一个特别善良、温暖、有大爱的人，他总是在奉献和付出。恒洋老师就像一个大哥，照应着大家；有时候他又像父母一样，给我们鼓励、帮助、关爱和安全感。**因为他的引导、鼓励和托举，让我一点点从自己的小世界里走出来，勇敢地来到了更广阔的天地。**

人际关系的升温，让我的事业更加顺利，家庭更加和谐、幸福。人生能遇到这样一位老师，真的太幸运了。我每时每刻都想对恒洋老师发自肺腑地说一句：**感恩有您，我不再是孤军奋战！**

社交心法第二式：
和陌生人沟通

每天至少和一个陌生人沟通半个小时以上。

有的人之所以越活越孤独，越活身边越没有贵人，是因为活得太强了、太倔了、太牛了、太厉害了……不需要任何人的帮助，认为自己是一个世界的主宰。那么，别人凭什么帮你？

从此刻开始，试着与更多的人互动、交流，想办法跟别人建立深厚的关系。

高手复盘

1. 请求是一种很不起眼但其实非常高级的本领。
2. 你是谁，取决于谁使用你。
3. 高成功率的事业，往往来自"继承"。
4. 和有钱人交朋友，会让你变得更有钱。
5. 商业世界中，最值钱的叫信息。
6. 永远跟强者站在一起，是一种向上社交的思维。
7. 你的价值，取决于你身边的人的价值。
8. 没有跟任何厉害的人产生交集，是很多人吃的最大的亏。

03.
每个脱颖而出的人都极具影响力

公众影响力的起点是社交影响力

我问大家一件事,你们觉得公共资源、社会资源是有限的还是无限的?是人人都能获得这些资源,还是有的人有资格拥有,而有的人没有资格拥有?

在回答这两个问题之前,我们先来想一想,抖音的流量是有限的还是无限的?视频号的流量是有限的还是无限的?微信的用户数量是有限的还是无限的?

答案是有限的。

既然资源是有限的，那么我们每个人其实都是在抢这些资源。也就是说，公共资源、社会资源并不是平均地分配给每个人的。当你抢到了这些资源、这些流量，以及公众的注意力，是不是就代表你赚钱比别人更容易一些？代表你做事比别人更容易一些？你获得认可比别人更容易一些？

当你把这个道理搞明白以后，我想送你一句话：**人没有影响力，就只能够默默地做事，而人有了影响力以后做事情就很方便。**

我曾经在参加妹妹婚礼晚宴的时候被人认出来了，现场有一个人过来敬酒，接着两个人、三个人、四个人……人越来越多，不断有人说："我好喜欢你，咱们合影可以吗？"

婚礼的大总管看到了这个场面，更兴奋，觉得这儿人气挺旺的，就过来跟我说："您看现场有这么多人认识您，您能不能上台给我们分享一下？"

我说："我是来参加婚礼的，送祝福的，这个分享就不要了吧。"

他一听，也不商量了，直接给我推上台了。

不得已，我讲了一段话，觉得挺尴尬。我见过新郎，但之前没有见过新郎的父母，后来，妹夫的父母看到我之后，说："我们是你的粉丝！"

我曾经作为一个普通人，觉得这种公众的影响力对于我而言是一件很遥远的事。当我真正拥有了公众影响力的时候，我开始思考，我的公众影响力是从哪里来的？后来我发现，**一个人公众影响力的起点是从社交影响力开始的。**

人们常常犯的一个错误是，认为拥有影响力是一件很复杂的事情。

我最早开始跟公司前台打招呼的时候，前台觉得很奇怪：一个过去根本就不说话的人，为什么今天早上开始跟我打招呼了？

在我持续打招呼的过程当中，我跟前台的关系并没有发生什么改变。这个时候突然发生了一件事，同部门的人问我，咱们前台是哪年的？她跟谁的关系特别好？我就纳闷，我跟前台又不熟，我们俩也不认识，为什么问我呢？后来我知道了，原来是因为我跟前台天天打招呼，影响到了其他人，对方认为我跟前台的关系很近。

看吧，其实拥有影响力并不复杂。我跟一个前台每天持续打招呼,都会帮助我塑造我的影响力,加强我的影响力。

如果一个人善于使用自己的影响力,那么帮助他、认可他、愿意和他在一起的人就会越来越多。

在人际交往中,乐观是第一社交影响力

我在内蒙古草原有个好朋友,他骑马、养羊,过着传统的蒙古包生活。他每一天就是在草场上让羊在一个地方吃完草,再换一个地方吃草,小羊长到了适龄就卖掉,过着简单的日子。

我和几个企业家朋友一块儿去他的蒙古包,在他那儿待了三天,吃肉、喝酒、聊天,晚上躺在内蒙古的呼伦贝尔大草原上,看到的星星都格外大,真是一闪一闪亮晶晶。

我的朋友没有高学历,他非常纯朴,宰羊,埋锅做饭,招待大家。

我和朋友们从这里离开以后,这些有知识、有社会地位的人都非常怀念跟我这个朋友的相处,每年只要一到了季节,就跟我说:"来,我们去找他,去跟他一起玩。"

我放羊的朋友没有什么文化,但他是一个有激情、很热

情的人，我的那些企业家朋友感受到了他这种强大的影响力。

后来，我一位企业家朋友直接资助他做了一番自己的事业。资助的金额令我震惊。他们一起改善了草原环境的污染问题。

这位企业家朋友长期处在一个自我封闭的状态，草原的朋友带他吃肉、喝酒、唱歌、骑马……企业家朋友每年至少要来这里三次，说这里是净化心灵的地方，让他找到了自己，拥有了更多的能量。

城市里面骑的马，用的是美式的鞍子，皮质的，很柔软；草原用的是硬马鞍，装备虽然令人不舒服，但我们内心高兴。

即使你再有文化，但是如果变成了一个**阻燃型的人**，别人也会远离。草原的朋友虽然没有文化，但他能点燃别人，所有被点燃的人就会高兴。乐观的情绪，积极的影响力，都能够影响身边的人。

周到也是一种社交影响力

行走社会，要有人关照，有人帮助，有人托举，有人可拜托，有人随叫随到。

理解了这些层次之后,我们再看自己的事业和生活就不一样了。

有一个同事陪我出差。

第一,他在前一天给我发了两次航班信息,怕我错过重要的安排。

第二,出发前,他发了一个我要去的目的地城市的天气情况。

第三,到了当地,看我选好了酒店之后,他迅速向我推荐了酒店边上的餐饮,大概都有什么餐食,在什么地方,人均消费是多少,而且还有包间的情况。

第四,我所在的酒店有几个中餐厅,有几个西餐厅,大概是一个什么消费水平,它们主打的菜系也介绍清楚了。

第五,考虑我此行拜访朋友可能要喝酒,就联系了本地可以直接上门送茅台保真的一个服务。

第六,在我返程的时候,和我提前确认信息。

还有一些细节是,我早上起得晚,经常不吃早餐,我每次开门,他都会跟我说:"您吃的早餐已经放在门口了。"

我觉得很神奇——他永远带着充电器、充电线、电脑的转接头。

一般情况下,住酒店,你需要自己拿着身份证办理入住、办房卡等。但我同事的做法是，当我一进入酒店，他就已经把合适的、不吵的房间办好了，把房卡放到我手里，到酒店我就可以直接拉着行李箱上电梯，进入房间。

有的酒店，如果是续住，酒店的房卡需要去办理处再刷一下，才能够上楼，开房门。我有一次遇到了这个情况，但我和同事见面的时候，他直接拿出一张已经刷好的房卡交到我手里。

和这样的同事出差，开不开心？高不高兴？

最难得的是，你要去的下一站，他总会提前告诉你下一站可能会发生的情况，把各种解决方案为你想在前头。

他在吃饭的过程中懂得照顾全场的人，当然也分场合，也会提前询问和沟通好，有的时候需要照顾，有的时候不需要照顾。

拥有影响力，就拥有了抓住财富的多个触角

如果只会干业务，只会埋头苦干，对周围的一切都不管不顾，早晚会"苦海无边"。如果树立自己的影响力，并懂得有效发挥自己的影响力，那就会一人做事，万人出手。

即便在家庭生活中，我们在面对困境、窘境，或者想创业的时候，都要想一想，自己能不能获得家庭的支持？会不会获得朋友的支持？

一旦思考这件事情，它便无处不在。

拥有影响力，就拥有了抓住财富的多个触角，由此会发生一些自己想不到的事，也会有一些你想不到的人来与你合作。反之，没有个人影响力，你拥有的都不能被称作资产，而只是暂时有用的能力。

我应邀参加了一个商业活动，同时参加的还有两位知名度很高的老师。

做活动海报的时候，主办方有位工作人员说："恒洋老师，我们把您放到了海报中间，因为旁边的两位老师是氛围担当，您是真正给我们讲干货的。"

后来我发现，他跟另外两位老师也是这么解释海报摆放照片位置的。两位老师都没有对海报的位置提出质疑，这场活动开展得也很顺利。说得对不对不重要，重要的是他至少表现出了事先商量的尊重态度。

这次活动之后，二次传播也做得非常好，给我带来了更多的关注，这得益于对方的情商永远在线。

当一个人越来越有影响力的时候，就不会是总在找机会，而是机会来了，自己能够做好选择。

获得影响力是每一个人都能学会的。

想要获得影响力，你要先突破自己的胆量，突破自己的欲望，突破自己内心的平衡。想要获得影响力太简单了，只要你愿意，分分钟都能获得。

我总结了获得影响力的三个步骤。

第一步，找到身边优秀的人。

第二步，跟优秀的人在一起。

什么叫在一起？可以是在一起聊天，一起沟通，一起吃饭，一起社交……跟优秀的人在一起，他身边的人是不是也能看到你？你在优秀的人身边，别人对你的评价是不是也就会更高？跟优秀的人在一起，你是不是也就获得了一些影响力？

第三步，跟有影响力的人做事。

跟有影响力的人做事，本身就是一件有影响力的事，本身就会让你成为一个更优秀的人,那这个时候你的影响力就加强了。

获得影响力就是这么简单,每个人都能学会。当你找到了这样一个优秀的人,而他又乐意你跟着他,还愿意偶尔指点你,那这个人就是你人生中的贵人了。

"山河不足重,重在遇'贵人'。"**无论你是谁,无论你想要做成什么事,你这一生至少需要一个贵人。**

社交心法第三式：
找到身边优秀的人

拥有影响力，就拥有了抓住财富的多个触角，由此会发生一些自己想不到的事，也会有一些你想不到的人来与你合作。

获得影响力有三个步骤：
第一步，找到身边优秀的人。
第二步，跟优秀的人在一起。
第三步，跟有影响力的人做事。

获得影响力就是这么简单，每个人都能学会。当你找到了这样一个优秀的人，而他又乐意你跟着他，还愿意偶尔指点你，那这个人就是你人生中的贵人了。

高手复盘

1. 一个人公众影响力的起点是从社交影响力开始的。
2. 在人际交往中,乐观是第一社交影响力。
3. 周到也是一种社交影响力。
4. 拥有影响力,就拥有了抓住财富的多个触角。
5. 每个人的一生至少需要一个贵人。
6. 跟优秀的人在一起,跟有影响力的人共事。

可以不识字
但不能不识人
会做事
都是沟通高手
真正把事情做成的
心上
很多人

实践篇

朋友越多,
人生越顺

——

会做事的人能做好一件事,
会做人的人能做成很多事。

04.
可以不识字,但不能不识人

认识人是你认识这个世界的开始

曾国藩讲过一句话:**可以不识字,但不能不识人。**

认识人其实是你认识这个世界的开始。如果你身边很亲近的人把你伤了,记住,这不是他的问题,是你的问题,因为你不懂得识人。

如果你身边对你很好的人,突然一下子对你不好了,那不是他突然变得可恶了,而是他不愿意再戴着面具了。他可能本来就是个不好的人。

我们身边的人脉资源分为三种。

第一种是索取型人。做任何事,你都要看是在积累资源还是在消耗资源。一个索取型的人,会把他身边的所有资源都消耗干净。有的人就真的吃你 10 顿饭都不脸红,抽你 10 根烟也不脸红。

你有没有遇到过这样的人?他们贪婪,一味地向别人索取。你帮他做完了这件事,他又希望你把其他事也做完。在这样的人面前,你做再多也不是好人,你做再多,他也觉得你欠他的。遇到这种人,你把钱放他手里,他都会怪你怎么没给他数。这样的人我们一定要远离,他和你交往的目的就是利用你、消耗你,而且从来不懂感恩。

第二种是互惠型人。你会发现这个世界上最多的一类人是互惠型的。这类人在社交中遵循礼尚往来的原则,就是我对你好,你也会对我好;我请你吃一顿饭,你也请我吃一顿饭;我给你一个什么东西,你也给我一个什么东西。这种人基本上属于德行没问题,因为他不想欠别人的。

互惠型的人心里总在思考着交换,所以他们的心里有个账本。这种人会有一个很大的问题——他身边出现什么段位的人，他就是什么段位。因为他的起点、他的逻辑、他的认知都来自别人。所以，他们虽然不会出什么大错，但也很难做成大事。

第三种是给予型人。这种人的人脉是天花板级的。给予型人又叫作付出型人，他们不会受周围环境的影响，任何时候都非常乐于给予，无论是资源还是帮助，会不断地给人。

与给予型的人相交会有什么好处？播撒种子，积累资源。给予型的人有一个特点——他会主动给予，因为这是他的习惯，根本不去计算和权衡利弊得失。

举个例子，他见到了一个比自己身份、能力低的人会给予，见到一个比自己有身份、能力高的大咖也会给予。那么，原本身份、地位、能力不高的人，有没有可能有一天成长为大咖？

所以，给予型的人，人脉是源源不断的，优秀的人才好像会自动流向他的身边。因为他给出去的是帮助，收回来的是人心。这是最大的一个事。

而索取型的人呢，每天都在索取，最后他身边的人就不搭理他了，都不愿意跟他玩儿了。他是把他身边的人全推出去了。

最恐怖的是什么呢？是一个索取型的人找了一群索取型的人做事，那他们的事必定走向绝路。因为一群索取型的人聚在一起，耐性极其有限。

去和那些超龄的人做朋友

与人相处请记住三个词：在龄、超龄和废龄。

一个1996年出生的女孩儿，初生牛犊不怕虎，在和我第二次见面时就问我要100万元融资。我答应了。

我当时为什么答应得那么痛快？我是1980年出生的，她比我小16岁。我认为自己一定会需要这样的人，需要一双1996年的眼睛，一套1996年的系统，还有她能够接触到的1996年的圈层，所以我答应得非常痛快。

但是，我没想到第二天她拒绝了我的投资。我挺好奇，就问她："难道是我的诚意不够吗？你问我要投资，我就给你100万元。"

结果人家是有骨气的，就不要。这个女孩儿说："恒洋老师，我想再做出一点成绩来，你再看我的公司怎么样。"

她这话一出，我立马对她刮目相看。原本我只是觉得她是个有志向、有胆识的年轻人，这笔投资就当是我对她的赏识，其实她最终会不会成功，说实话，我没有抱太大的期望。但是当她拒绝我的那一刻，我断定这个人未来一定会成事！

我为什么断定这个人未来一定会成事？如果一个人是在龄的状态，举个例子，1996年出生的人现在应该在干什么？上班、刷剧、泡吧、蹦迪、打游戏、谈恋爱。大部分这个年龄的人现在还在玩儿呢，对不对？大家在聊天的时候，讨论的都是吃喝玩乐。

但是她不一样，她讨论的是创业、融资、开公司，这是30多岁的人的状态。那我问你这个人是在龄还是超龄？她已经在一个超龄的状态了。

在龄就是在什么年纪干什么事。20岁出头，该上班上班，下班了出去和朋友一起聚会、逛街，回家以后刷刷剧。你做的事超出你这个年纪的认知了，那就是超龄，低于你的年纪的认知那就是废龄。

这个找我要投资的女孩儿跟我印象里的"95后"完全不一样。我们两个人有一个共同的习惯——如果是工作餐，只要这个饭馆排队，或者只要这个地方会耽误我们吃饭的时间，我们绝对不去。但是我看到过很多"90后""95后""00后"，选一个吃饭的地儿都能选一个小时。

那天我和她一起去吃快餐，吃完饭以后，桌上还有5张没有用完的餐巾纸。她先端着餐盘把垃圾倒进垃圾桶，又把餐盘放在收餐盘的位置，然后拿着5张餐巾纸，放到了放餐巾纸的那个盒的附近。当时我就觉得这个孩子了不得。

所以，当你去判断一个人的时候，就可以把在龄、超龄、废龄作为一个重要的评判标准。

如果这个人是在龄的话，那么他基本上就是一个普通水平，能力和认知也不会有突飞猛进的变化。因为他的成长和发展就是在龄的节奏，所以他的状态就是在什么时间干什么事，什么年纪干什么事。

但如果你发现你身边有超龄的人，请马上跑过去跟他成为朋友。

那废龄是什么？你身边有没有那些老大不小了，但做事的风格、认知水平还跟小孩一样的人？

我曾经的一个司机开车很厉害，但有一点我受不了，他特别容易路怒，特别喜欢跟别人较劲儿。

他的脾气就像小孩子一样，别人挡了他的路，他就非得不停地按喇叭；别人超了他的车，他就必须反超回来。其实这些行为对于乘坐他车的人，甚至包括他自己都是非常危险的。所以，我就不再继续跟他合作了。

我想说的是，一个人如果在一件事上是在龄的，那么他在大多数事情上都是在龄的。一个人如果在一件事上是超龄的，那么他大概率在很多时候都会做出超龄的事情。一个人如果在某一点上是废龄的，那我跟你保证，他在大部分事情上面也很可能是废龄的状态。

用这样的方式跟这个世界相处，你的世界里面大概率麻烦会更少，机会会更多。因为你通过这样的判断方式，把自己身边的人已经筛了一遍。

交朋友是这个世界上最不能着急的事

你选择合作伙伴、朋友，甚至选择另一半的时候，会选择哪种人？是索取型、互惠型，还是给予型？

一个人在小处大方，在大处也差不了；一个人在小处都抠，那在大处很可能更抠门。

所以，你会发现大部分互惠型的人，一辈子基本上就停留在为人打工的层面。为什么？因为他们的一生就是交换，用命换钱，用时间换钱。你会发现，他们算来算去其实算的都是小账。

而人生真的不能算小账，要算就算大账。大账不是给某个人，而是给所有人的，所以人就是把自己摆在什么位置上，最后就会相应地获得什么。

你遇到一个索取型的人怎么办？一个索取型的人最后会活成一把锤子，他会成为别人的工具。所以，当智慧型的人遇到索取型的人时，就会选择跟索取型的人维持付费关系——你干多少钱的活，我给你多少钱，但是绝不深交。

那如果你遇到互惠型的人怎么办？你可以去引导他，因为互惠型的人给你的反馈取决于你给他什么东西。这个时候就看互相推的筹码，你推100，他推100；你推1万，他推1万。这种人是可塑的，是可以去带领的，你可以去影响他。

互惠型的人非常清楚一个道理：你为我做了一件事，那我要回馈你。所以，当你听到一个互惠型的人有一天说：

"哇,我的格局打开了!"那一定是因为他身边有一个人引导他把格局打开了。

我过去就是一个互惠型的人。我跟身边的大哥在交往的过程中,就是一步一步地在"哇塞"的路上,把格局一点儿一点儿地打开的。所以,互惠型的人其实就是格局能够打开的人。

跟互惠型的人合作,你会发现合作得很放心,他对你好不是因为你好,而是因为你对他好了;如果他不对你好,他会难受。

而最高级的存在,是给予型的人。我们跟任何人交往的时候,都不要有目的,也不要去预设目标。**结善缘的本质,就是不去想跟这个人认识以后会发生什么事,只要你去认识他就好了,只要你们两个人去结缘就好了。**

为什么你不去想?最简单的一个道理,你想半天其实是没有用的,这个世界上哪件事你能控制?你设计不了任何事。

所以,付出型的人就是见到你,见到他,见到谁都是一个样。

中国人说过很多了不起的话，其中有一句话我最喜欢，那就是"路遥知马力，日久见人心"。这是认识人最简单的方法。

如果你有足够多的好朋友，那就把跟好朋友的关系放到岁月当中去考核，去考量。

如果你能把这件事情想明白，那你会变成一个从容不迫的人。

我20多岁开始创业，最多的时候我管理一个集团，4000人；最少的时候我去一个创业公司，一共俩人，一个老板一个员工。

经过这么多年，我有一个总结：**人生大部分踩的坑和出的问题都来自自己太着急，而交朋友是这个世界上最不能着急的事。**

交朋友如果着急了，大概率会遇到"坏人"。

人和人之间，心眼一动，交情就远了

时间和圈子全是花钱买的。

不要不舍得花钱。

不舍得花钱的人，永远不会挣钱。

我家有一个亲戚想来上我的课，我给了他报名链接。

他第一天没报名，第二天也不报名，第三天他付费了，问我："哥，我们在哪儿上课？"

我说："我第一天给你发了报名链接，从那一刻开始我就在给你上课了。你想跟我学东西，我马上给了你链接，如果你对我都没有付费的习惯，那你行走社会，很难交到朋友。**我如果教你占便宜，你就一辈子都无法破局。**"

我把钱给他退了，说："你不要来上我的课了，这就是我给你上的最好的一堂课。"

想交朋友又不想花钱，想占别人的便宜，又不想付出，这就是把别人当傻瓜。

不成事的人是拿朋友换钱，能成事的人是拿钱换朋友。 人们看待这个世界基本就这两种方式。**只有铁公鸡拼的才是心眼**，而非格局。

我身边也有很多想从我这里占便宜的人，但是我不可能把核心的知识教给他们，因为这样，我对不起那些付费的希望获得深度交流的人。

人和人之间，心眼一动，交情就远了，所以不要动心眼。

我吃过这样的亏。我曾经遇到过很多厉害的人、优秀的人，但我都没跟人家交成朋友，原因就是我在智慧的人面前耍小聪明了。这是我犯下的最大的一个错误。

当你确定要占一个人便宜的时候，就必将在其他地方付出代价，有些代价可能还是隐形的。

人要有付费思维，发现一个人有价值的时候，可以花钱去咨询，或者付出一些什么去结识对方。而有的人总想着自己如何才能占到便宜，如何在对方的产品上少付费，或不付费。

我看电影一定会选大屏，一定不在几十人的小厅里面看。

对我而言，同样是付出了90分钟，大屏幕的效果和音响可以帮我把电影要传达的思想、理念、感觉、感受乘以数倍地传递给我。

拿手机看电影和去影院看电影是完全不同的，世间的物品和个人的钱财都是可以为人所用的，省钱节约和投资是两件事。

自私的人一定干不成大事

敢于吃亏的人做完了一件事，不会立马要求看到回报。今天当下立刻就想要回报，那是小时工思维。做完了一件事，一周之后想要回报，是项目部门经理思维。做完了一件事，一年以后才想要回报，是老板思维。做完了一件事，几年以后才想要回报，是投资人思维。

大佬一定是为身边的人着想的人，大佬一定不是独立存活的人，大佬一定是带着一群人在一起的人。

大佬身上必须有超强的领导力。**你能装下多少人，理解多少人，就能影响多少人，领导多少人，甚至带领多少人。**

> 学员
> 分享

识人的本领就藏在你的经历里

人物名片

赵黎莹
来自洛阳的北京人,从事金融工作。

人生格言:你所经历的一切,都是来帮助你成长的。

起点:重新找回自己

我现在是两个孩子的妈妈。

从学生时代到步入社会,虽然我在社交上吃过亏也踩过坑,但我依旧是个愿意打开自己的人。然而,当我成为妈妈之后,我变得更加谨慎了,不再那么能放得开了。孩子成为我心里最重要的牵绊,我也就有了更多的顾虑,会不自觉地把自己封闭起来。

我从那种封闭的状态再次回到开放的状态，是遇到恒洋老师之后。第一次踏入恒洋瓦教育开始学习是2021年4月。来到恒洋瓦教育这个场域之后，我首先学习到了三件很重要的事：**第一，打开自己；第二，彼此融入；第三，在融入的过程中放松，然后做自己。**

在跟着恒洋老师学习的过程中，我能够感受到爱和能量，所以我内心那个开放的状态也就被激发出来了。

在恒洋瓦，我接触到的所有老师、同学以及工作组的小伙伴们，都是真诚的、热情的、无私的、善良的，他们会像家人一样鼓励我，托举我，这种实实在在的体验和真真切切的氛围，让我不知不觉就发生了改变。

其实，这些理论很多人都懂，却根本做不到。但是恒洋老师却能帮助我们真正地做出改变。这就是那么多人都愿意跟着恒洋老师学习的原因。

来到恒洋瓦之后，我的生命得到了第二次的塑造——让自己找回了原先那个开放、热烈的自己。

经历：成长从来不是一蹴而就的

其实，从小到大我一直是一个开朗、外放的人，非常愿意去社交。比如，大学时我就参加过很多社会实践。当时我利用周六日的时间，在创维集团北京的各大销售点，以及国美、苏宁、大中等门店做过兼职，而且每家店大约80%的销售额都是我完成的。

从我的过往经历来看，我真的很爱社交，也很享受社交。我对待所有人都是很真诚的，也特别容易相信别人。所以，我也会有一些不好的经历，就是遇人不淑，识人不清。

我在小学时的一个经历，对我影响还挺大的。当时我有一个特别好的朋友，可以在一个碗里吃饭、在一个被窝里睡觉的那种。有一次我就让这个朋友帮我保管一下我家大门的钥匙，结果她却偷偷配了把我家的钥匙。后来我家就总莫名其妙地丢东西，我从来没想过会是她干的。

直到有一天，她趁着我家没人的时候又偷偷用钥匙打开了我家的门，结果那天我爸提前回家了，她打开门的那一瞬间，就被我爸看到了。

后来经过调查，发现这个小女孩不光配了我家的钥匙，还配了其他孩子家里的钥匙。我知道真相以后内心很受伤，因为我把她当作最好的朋友，有什么好东西都和她分享，我那么信任她，可她却一直在欺骗我。

虽然这是我年幼时的一个小小的经历，但反映的是一个很普遍的社交现象——很多人在和人相处时，真的很难识别出来那个每天跟你称兄道弟的哥们儿，或者经常约饭逛街的闺密，是真心和你相处，还是另有所图。

识人是一个非常重要的能力，但想要做好真的挺难的。那些陪你走了很多年的朋友，你都不一定能够读懂他，更别说真正地走到他的内心。你也许觉得那个和你相处了5年，甚至10年的朋友，在你遇到困难的时候一定会挺身而出来帮助你，可事实是他没有这么做。而真正对你施以援手的可能是身边刚认识的人。

所以，一个人值不值得深交，值不值得信任，是需要你去相处、去经历、去筛选的。在这个过程中，你可能会被坑，可能会被辜负，但是每一次受伤都能为你积累更多的经验，让你变得强大。

在我们人生的不同阶段都会有很多不同的经历，不管这些经历带来的结果是好还是坏，都是值得的。

恒洋老师经常跟我讲，你所经历的一切，都是来帮助你成长的。当你经历的事情、见到的人越来越多，吃过的亏越来越多，受过的伤越来越多时，你也就成长了。

践行：成功是无数次失败的产物

恒洋老师最宝贵的地方，不是高学历，也不是高成就，更不是高地位，而是他丰富的人生经历。他说过这样一句话："你的经历大于你的阅历，你的阅历大于你的日历。"

经历就是你过往亲身体验过的事儿。阅历只是你看到或者听到的事儿，并不一定经历过。日历就是自己的年龄。

有的人可能活了大半辈子都没有活明白，不会识人，分不清身边的人哪些可以交往，哪些应该远离。而有些人可能二三十岁就能够识别身边的贵人和朋友。因为一个人的年龄里不一定有足够的阅历帮助他辨好坏，明是非。而一个人的阅历也并不等于他的真实经历。

只有在你拥有足够多的经历的情况下，你对人性才会有更深刻的认识；你的眼界、你的认知、你的格局才会比别人更高。

恒洋老师的大哥于斌老师曾经分享过一个自己的心得：他在跟每个人相处的过程中，都会做一个特别真诚的人。没有任何伪装，没有任何掩饰，就是那个原原本本的自己。他通过这种精神上的"裸露"来判断、筛选跟他走得近的人。如果你是过来占我便宜的，那我筛选出来以后就会默默远离你；如果你是过来帮助我的，那我们可能会走得更远。

所以，在人生的路上，遇到一些坑你的人、骗你的人、占你便宜的人，没有识别出来不要紧，你只是阅历不够、经历不够。你遇到一次、两次不能识别出来，遇到50次、100次总能识别出来，成功是无数次失败的产物。

恒洋老师如此，于斌老师也是如此，所有人都是如此。因为，识人的本领就藏在你的经历里。

社交心法第四式：盘点人脉资源

我们身边的人脉资源分为三种。

第一种是索取型人。他们做任何事，都要看是在积累资源还是在消耗资源。
第二种是互惠型人。这类人在社交中遵循礼尚往来的原则，就是你对他好，他也会对你好。
第三种是给予型人。他们不会受周围环境的影响，任何时候都非常乐于给予，无论是资源还是帮助，会不断地给你。

盘点你身边的人脉资源，是哪一类型的更多。如果是索取型人脉更多，你就要多加小心；如果是给予型人脉更多，那就恭喜你啦。

高手复盘

1. 认识人是你认识这个世界的开始。
2. 去和那些超龄的人做朋友。
3. 交朋友是这个世界上最不能着急的事。
4. 人生不能算小账,要算就算大账。
5. 人和人之间,心眼一动,交情就远了。
6. 自私的人一定干不成大事。

05.
会做事的人，都是沟通高手

打开对方的嘴，成就自己的好

"做人"这个词，最重要的不是人，而是做。会做的人，就会懂得跟别人交往和交流；不会做的人，就只懂得自己跟自己交往和交流。

如果一个人走到谷底，负债累累，他就会对身边的机会特别敏感，容易发现机会。很多成功的人都经历过没钱、没势、没人、没背景的阶段。但这些对自己生活充满着美好向往、对自己事业抱有坚定恒心的人，越是在没有资源的时候，越能够创造出资源。

一个人的大脑就是自己的司令部，会指挥自己所有的感觉和感官，**如果大脑是绝望的，现实就是绝望的**。所以，为了保护大脑，永远不要做消极的人，也不要总和消极的人在一起。

如果此刻有机会和一位你很崇拜的人坐在一起，只有你们两个人，有10分钟的交流时间，这个时候你最应该说什么？

不会交流、不会沟通的人，就会吹牛，说自己有多厉害。真正的高手会问一件事情："老师，我看到您，就能感受到您过往经历的一切都是不平凡的。我想您一定经历过很多沟沟坎坎，一定也面对过很多很大的挑战，我特别想聆听您的故事，我觉得这是我人生当中最宝贵的财富。那么，您能不能讲一下您人生当中印象最深刻的战胜困难的时刻？"

学会用这样的方式跟比你厉害的人交往时，他的话匣子就打开了，10分钟有可能变成100分钟，100分钟有可能变成1个月，1个月有可能变成1年，1年有可能变成10年。

"人之患，在好为人师。"每个人都想去讲自己的故事。

再低调、再内敛、再有内涵的人，他也一定愿意讲出自己的故事。

马斯洛需求理论的最高层次叫作自我实现。记住，**打开对方的嘴，成就自己的好**。

要像孩子学说话那样培养口才

我在一次上课的现场问在场的学员，说话重不重要，然后就听到一个小朋友用稚嫩的声音大声说："超级重要。"连小朋友都懂的道理，也不用我过多解释了吧。不管是你上班还是上学，创业还是打工，管理人还是被人管理，说话永远是最重要的。

人家问我："恒洋老师，你的主业是什么？""你的主业是做教育和培训吗？""你的主业是做咨询吗？"其实，我就做咨询和教育培训这两个行业，而且我的主业压根儿就不是什么行业，我的主业是说话。

我们家有一个很好的阿姨，她真的好厉害。为什么？我们家孩子还不到1岁的时候，只要是她抱着孩子、陪着孩子的时候，她就一直和孩子沟通，跟孩子对话。比如在院子里边晒太阳时，有一辆摩托车经过，她就会对孩子说："你听那个是摩托车的声音。"看到一朵鲜艳的花，她也会指着花跟孩子说："这朵花真好看。"

你发现了吗？她无意中就在培养孩子的说话能力，方法就是让孩子多听。孩子学习一项技能的时候，主要靠的就是大量重复，以及一个合适的环境。而这两点这位阿姨都做到了。果不其然，现在我们家孩子的语言表达能力特别强，不仅能夸人，还会告状。

我在直播中跟大家讲过一个逻辑，人是主动成长好还是被动成长好呢？大多数人觉得人还是主动成长好。人应该主动努力，主动向上，主动向前。但是对不起，这个逻辑不对，因为这样的成长太累了。

如果你想要拥有好口才，拥有超强的表达能力，最快的学习方式是什么？是要像孩子学说话那样。你要做的是把自己放到一个周围人的口才都比你强的环境中，这时候你的成长才是最快的。

孟母三迁的故事大家都听过。孟子的母亲为了让孟子好好学习，连着三次搬家，最后终于搬到了一家学堂附近，这才成就了一代思想大家、教育大家孟子。

当你把自己放到一群优秀的人当中去，你不想成长都难。但是你把自己放到一个很烂的环境当中去，你想成长也不容易。

我特别倡导一种被动学习的方法：1/3 跟老师学，1/3 跟同学学，1/3 跟自己学。这个方法说起来很容易，但是一般人是没有那个心态的。

一般人会觉得，你穿得比我好，我跟你学；你穿得不如我，我为什么要跟你学？一般人还会觉得，你岁数比我大我跟你学；你岁数没我大，我跟你学什么？一般人还会觉得，你学历比我高，我跟你学；你学历比我低，我跟你学什么？

这就是一个特别错误的学习逻辑。

什么叫 1/3 跟老师学，1/3 跟同学学，1/3 跟自己学？其实这个 1/3 讲的是一个人的心态。你知道现在的人最不好的心态是什么？很多人认为，老师一定要站在讲台上，他要有讲师的身份，这个时候才叫学习。但真正会学习的人，每一秒都在学，每一秒都在吸收，每一秒都在成长。

沟通的核心是让别人喜欢你、推崇你

有的人说话很讨厌，做人很讨厌，最后沦为孤家寡人。在他心里面，他会将自己的结局总结为：都是因为人心险恶。其实是人心险恶吗？是他没有收拢人心。

大家要明白一个道理：**你的嘴就是收拢人心的工具，你的心就是放人的地方，你的度量就是你容人的空间。**

律师行业有一个最大的问题，就是律师未必口才好。沟通能力强的人，他们只是专业强。

有一次我在一个律师论坛上发言，台下有人问了我一个问题：上次遇到一个案子，案子标的还很大，对方欠了很多钱，然后一个客户想要300万元回来，但其实全部的欠款远不止300万元，客户找到你了，说明了事情的缘由后，如果你想马上拿下这个客户，第一句话应该说什么？

我给了他一个回答，结果论坛结束后我就被所有的律师围住了，根本走不了，每个人都说要问我一个问题。论坛上那个问题，我的回答是，当客户跟你介绍完这个案情以后，你要说的第一句话是："你只想拿回来300万元吗？"

这句话高明吗？它的高明之处在于：首先，你能从这句话里听到"我会帮助你"的意愿；其次，这句话里还有你对客户的信任；最重要的是，这句话直接彰显了你的实力，你只想要拿回300万元，不想拿回更多吗？

所以，我问你，这个沟通有没有效？有效。

有的人说了一辈子话一个朋友也没交上，有的人说一句话全是朋友。一个人只要开口说话，就会引起对方的四种感受：厌烦、抵触、无感、喜欢。

大部分人的说话逻辑：一是表达观点；二是想获得认同；三是彰显自己的存在。**而我们真正跟一个人交流、沟通时，核心目的是让别人喜欢你、推崇你。**

如果是一对一沟通，核心是提问。对方说话的时候，要习惯点头。点头代表着还想听，如同在说："你再说一点。""你好棒啊！""你非常优秀，非常厉害，我真爱听你说话。"**跟人建立信任，不是自己说更多，而是要让对方说更多。**

如果是一对多沟通，核心是捧场。多看到对方拥有的、你自己不具备的特点。

很多自以为会社交的人，总是一上来就展示自己比别人强。

但一个幽默的人，可以说："在座的各位好，我的外形不如李先生，个子不如张先生，气质不如王小姐，就连我引以为傲的大眼睛都没有李女士大……"这番话说完，大家就在幽默的氛围里感受到了说话人的谦虚、低调。

如果世界末日到了，只有一艘飞船。最会说话的人，也有机会上飞船。希望我们都能把赞美别人当成一种习惯。

站在什么立场你就讲什么话

一个人的讲话就是立场，记住：**站在什么立场你就讲什么话**。你拿对方当朋友，你就讲朋友的话。你拿对方当敌人，你就讲敌人的话。你拿对方当家人，你就讲家人的话。

比如：

"你最近瘦了。""你今天眼睛怎么了？好像稍微有点红。"家人立场。

接下来打开的话题，要让两个人的信任关系更加推进。在沟通过程中能不能捕捉到他家人、他太太、他父母的信息，继续关心和聊天。

又如：

情敌见面，两个人怎么说话？

"她好吗？"这是要重燃战火，让对方必须干掉自己的节奏。

"看你挺好的，我挺放心的。"对方如果多想：你为什么不放心我？这个关心是不是有点多余。

"我最近过得不怎么样。"有人觉得这样说，能让对方开心。但这么说，他能愿意接着聊吗？甚至这句话还有可能被解读为是在说"自从你们两个人在一起后，我好惨"。

"你好不好？"这句话问完，对方心里面立刻会想该怎么回应，双方有可能就进入了动脑子、斗智斗勇的阶段。

说话能让人快速确立关系，即便曾经是敌人，是仇人，未来是友人，是亲人，也都是由你此刻说的话和立场决定的。

以上场景中，如果想和对方化敌为友，要考虑对方的感受，他的情绪里，可能有惊讶，也有尴尬。所以，你要说的话，是站在和他同频的位置。

不妨这样说："刚才我看见你了，特别紧张，但是我不敢认你，我特别希望跟你做朋友，所以我还是过来跟你打声招呼……"

这样的话，就是你站在对方的立场去说，对方会对你卸下他的思想包袱，两个人才能够交流下去。

当然，我们的立场也一定不能只以推进关系为目标，要根据不同的人调整不同的立场。比如，一个男士和女同事见面了，就不适合说家人立场的关心的话，这样的过界会给对方造成非常不好的感受。

记住：**每一句话都代表着你的立场。**

领导者要学会使用语言来指导别人完成工作

有一次，我和一位大学教授聊天，他觉得我表达能力不错，就说："恒洋你懂得挺多，比我们教授懂得都多。"我说："不敢当，我属于野蛮生长。"

有很多社会上经商的老板，并不一定是在求学阶段脱颖而出的。

我有一个兄弟，有一次一起出去办事，有一个朋友帮了他一个忙，他打心眼儿里感谢对方，于是请对方吃饭的时候，他说："我连敬您三杯酒。"接下来，又解释，"我为什么要连敬您三杯酒？因为今天您帮我办的这个事真的是画蛇添足。"所有人都乐得要喷饭了，他原意是想说，对方帮了他，他做事的能力就提高了。于是我们就纠正他，这叫锦上添花，不是画蛇添足。

每个人每天都要说很多话，那我们考虑过自己说话的时候，在别人眼中的状态吗？

有一次我在直播的时候，有人进直播间说："这个胖子长得不好看，还当主播？"

我可以有两种回应：

第一种："你从小的家教是听什么话长大的？"

第二种："你好，我不知道你对我有什么误解，会对我产生这种排斥。如果我作为主播，传播的内容有不当之处，你可以多指正；如果你实在因为外貌看我很不顺眼，我觉得你可以换个直播间。"

这两种说话的方式，高下立判。是否有人格魅力，就在语言中分辨。

你是否试过照着镜子说话？从别人的角度看待自己的每一个细节。

我的一个同事，说话的样子，包括身体的状态，大家都说和我太像了。这种"太像了"，是他在背后付出了很多认真和努力。我太了解他了，我知道他的付出绝对不是一般人能够承受的。比如，他在台上的一个自如的动作，至少在台下进行过 10000 次的有效练习。

真正有效的东西是你应该重复你学习过的，这样才能够成为你的特点。

这位同事的学识和见识都很高，但同时又能非常谦虚地改进每一个细节。有一次，我说，你在台上有一个问题，一定要调整你托眼镜的姿势。你托眼镜的姿势不好看，很像学生，这个姿势会影响你的舞台状态。他听进了我的话，而且马上改。这就是真正地成长和改变。

我人生当中第一次拿到了一笔大投资后，拥有了一间大办公室，我还选了一张漂亮的大办公桌。

办公桌需要组装，我就跟着工人一起蹲在地上组装。投资人来了，站在我后面，直接重重地踹了我一脚。他把我叫到了会议室，非常愤怒地指着我的鼻子说："如果以后再让我看到你把时间用在非本职的工作上，我一定不会再投资你，我也会告诉投资圈的人不要投你这个人。"

这是我人生中非常重要的一课：**管理者是通过别人完成工作的人**。如果什么都要自己做，就永远不会提升，公司也很难做起来，未来也大多不会有机会发展壮大。

有些聪明人总认为别人干的事不如他干得好，他总想伸手去干，总想插一杠子，甚至不断地给别人提建议……这不是经营逻辑，而是匠人逻辑。如果一个老板每天在做的事情都是基础工作，这是不是把自己思考大方向的时间全占住了？

领导者要学会使用语言来指导别人完成工作，而不是闭着嘴，自己把活干了。

在我们的人生经验中，有没有人因为别人跟自己说好话，就付出了自己的时间、精力，甚至金钱，去帮助别人？

人家张一张嘴，你3小时没了，甚至人家张一张嘴，你1个月没了，或者人家张一张嘴，你因为不好意思，把自己的时间、精力全投入进去了。

对方既不是你的朋友，和你也不熟，甚至有可能是第一次见面，但就因为人家会聊天，会说话，就成了你人生当中最开心的一个时刻，甚至成为你人生当中美好的回忆。

这是不是被人利用了？很多人会一而再，再而三地让这种事发生在自己身上。

想不想把自己的时间变多？那就要学会成为时间买手。**学习通过说话，来正确地使用、撬动别人的时间，成就共同的目标。**

好口才可以在任何时候改变别人对你的立场。能在任何时候把陌生人的敌对立场给打破，就是有口才。

随口要说鼓舞他人的话

两个人坐在一起参加培训,怎么向对方表达善意呢?可以帮对方放杯水,并抽一张纸放在水杯下面。再高级一点,可以问:"您喝热的吗?我可以给您换热水。"

人这一生不断地交朋友,会越走越顺。 而交朋友最简单、最直接的方式就是说鼓舞他人的话。

"你是哪里人呀?"

"我是云南的。"

"我没去过云南,我在网上看到过云南的美景、美食、美好的人,但我还没有吃过米线。今天是我人生当中第一次认识了一个云南人,觉得特别荣幸。那儿的风景,我感觉从你的脸上都透露出来了。我真的很向往你的家乡。"

我们要把优越感给对方,而不要一见面就说:"云南那个地方真不咋样,没有冬天,春夏不分明,而且满大街飘着各种花粉,鼻子不舒服,冬天又比较阴冷,我还觉得你们那儿的东西太难吃了,我只爱吃面食。"

如果用否定别人,给自己找优越感的方式去跟别人交流的话,谁愿意跟你说话?一定要不断地请教别人,别人才愿意继续跟你聊下去。

有的人从不向周围散发善意，说话也常常很丧气，一张嘴总是浇灭别人的希望，导致身边的人越来越少，成为孤家寡人之时，他的总结是：人心险恶。

其实不是人心险恶，而是他使用的语言，并不是往自己的世界收拢朋友的，且他的内心和度量也没有容人的空间和位置。

有的人一说话，就能让自己开心，让别人开心，让别人得到益处，这就是高手。

所以，任何时候张嘴都要说好话，即使是对方冲动之下决策失误时，你也要跟对方讲，在勇气上我还是很佩服你的。

好的表达能够增进情感

在家庭中，好的表达也能够增进情感。

早上起来，看到我太太，我会马上说："我爱你。"

虽然家中有阿姨做早饭，但早餐的时候，我还是会给予我太太认可，会说："今天能跟你一起吃早饭，我觉得一天都会特别美好。"

吃完早饭我会跟孩子说再见，说"爸爸去上班了，爸爸去忙了"，孩子跟我也说再见。我还会说"现在，我带着你一起去跟妈妈说再见"。

中午的时候如果在外面吃饭，我也会和我太太打电话说一下，我今天中午吃了什么，并问她吃了什么。

晚上回到家以后，如果看到我太太，我要做的第一件事情就不是脱鞋，而是会认真地告诉她："今天早上到现在，我大概有8个小时没有见到你了，但是见到你这一刻，我仍然感觉到像我们第一次见面。"

我并不觉得这是一种无效的表达。**我觉得真正有效的表达，是你重复说的话，那才是有效的、真诚的。**每一次重复都是你在告诉对方，你说的这句话是真的，你在意你们的家庭。

我以前对家里也没有这么用心，这是受于斌老师的影响，后来我对父母的称呼开始用"您"。无论是在微信上，还是在家里，我都会跟我爸妈说"我爱您们。爸爸，我爱您。妈妈，我爱您"。

最开始的时候我妈接受不了，后来，有的时候我会忘记一两天，我妈就说："你怎么了？有两天没说你爱我了。"

家人对我们的爱，并不需要有太多的物质回报，语言的问候，就可以让家人开心，并紧密地联结在一起。

> 学员
> 分享

沟通的意义是传递情感

人物名片

曾昭荣
来自新加坡，现在从事销售工作。

人生格言：有选择的人生比没有选择的人生来得开心一点。

选择：方向对了，努力才有意义

我来自新加坡，祖籍潮汕。我爷爷那一辈为了创业去了新加坡，2022 年我选择回到中国，也算是落叶归根。

很多人不理解，我一个有家族企业要继承的富三代为什么要这么辛苦地出来闯荡。其实我是一个挺固执的人，小时候我就非常明确一点：我不想按部就班地过我爸那样的生活。所以，我一直在做一件事，就是寻找人生的方向和出路。

2019年，我跟我爸有一个约定：给我两年时间，我可以去旅游，可以去创业，可以去做任何我想做的事情，他不能干涉我的选择。然后这两年我就真的去尝试创业了，可惜以失败告终。

创业失败之后，我选择去做销售，因为觉得这个行业比较容易赚到钱。当然，做销售也没那么简单，尤其是对我来说——我是个非常内向的人，不擅长表达。

销售需要我去跟很多人沟通，去社交，去产生联结。在这个过程中，我逐渐发现，自己在跟别人聊天的时候一直卡在一个非常表面的层次。也就是说，我没有办法深入地去跟人交朋友，也就很难跟客户产生深度联结。

所以，我回国后一直在努力提升自己的社交能力，线上、线下的课程都尝试过。有一次，我在抖音搜索人际关系的课程，当看到了恒洋老师的课程时，立马就报名了，听了一节课后，我觉得这正是我一直梦寐以求想听的课。

从那以后，我就停掉了其他的社交课、口才课，专心跟恒洋老师学习，然后一步一步去实践。因为恒洋老师教的方法都很简单，又能落地，而且效果基本是正面的。通过学习我才发现，原来学习社交并没那么难。

就这样，恒洋老师成为我坚定的选择——这是我人生中众多选择里最正确的选择之一。跟着恒洋老师学习之后，我越来越体会到社交的意义：**沟通的本质是情感的交流，表达不过是传递情感的工具。**所以，社交能力的高低跟我是不是内向，以及普通话是不是标准都没有太大关系。

蜕变：好的沟通真正需要的是真诚

跟恒洋老师学习之前，我也一直在学习人际沟通相关的课程，但是收效甚微。我一直都比较内向，也不太爱社交，容易沉浸在自己的世界里。做销售之前，我从来没想过要去主动社交，认为可以做自己喜欢的事情就好了。我觉得每个人都是独立的个体，我不去管你，你也不要来约束我。

不过随着自己慢慢长大，社会阅历逐渐丰富之后，我发现不是每个人的想法都和我一样。可能在别人眼里，我就是一个非常自我的人，是一个封闭的人。他们不会认为我是不懂社交，而是觉得我在拒绝社交。

后来，我发现了一个让我人生非常痛苦的点，就是我没有办法很好地去表达自己。而我的自我封闭、不向外表达，归根结底是担心其他人不接纳我。我是在澳洲留学的时候意识到这个问题的严重性的。所以，我决定要踏出这一步，我需要去打开自己，敞开心扉。

一开始我以为问题在于我缺乏沟通技巧，直到学习了恒洋老师的课程之后，我才意识到，好的沟通真正需要的从来不是技巧，而是真诚。

我想分享一个我和我爸之间的小故事。2022年7月，我和我爸一起从新加坡到中国香港洽谈业务。因为疫情，我们被关在酒店的一个房间里进行隔离。大家都知道，和父母待久了，就很容易产生矛盾。而我爸本来就是一个对子女很严厉的人，所以当时他就不停地挑我的毛病。

这个时候我想起恒洋老师曾经教给我的一个缓和气氛的小游戏——互相夸赞。规则很简单，就是两个人轮流说一句夸赞对方的话。但是游戏进行了30秒我就叫停了。因为我爸对我的夸赞就只有一句："你是一个好儿子。"

我气愤地大喊："天哪，我就只有这一个优点吗？这样玩下去我的心情会很不好。"所以我就直接终止了这个游戏。

不过第二天我还是继续跟我爸玩了这个小游戏。我当时就想，我是上过恒洋老师课程的，但是我爸没有，所以他可能真的不知道怎么去夸一个人，他更不知道夸别人也是能让自己身心愉悦的。正所谓，赠人玫瑰，手有余香。

我也记得恒洋老师讲过一句话："好的表达能够增进情感。"我和我爸玩这个游戏的初衷是为了增进感情，而不是为了吵架。他对我的夸赞虽然显得很生硬，甚至勉强。但是，我当时的表达或许也伤了他的心。

通过这件事我其实也在反思。最初自己学习社交和沟通是为了工作，为了提升销售业绩。当我自以为学得还不错的时候，竟然在和自己最亲近的家人沟通时出现了问题。我们的亲人、朋友，明明是最亲密的人，但我们往往可能更容易忽略怎么去和他们社交，忽略他们真实的感受。

我们的社交能力不该只用在工作中，我的宽容、真诚也不该只留给领导、同事、客户。**我们也应该像对待贵人、客户一样，去细心地捕捉亲人、朋友的表情、动作、喜好，甚至直接地去表达我们对他们的关爱和关心。**

迭代：改变和成长是一件持续的事情

恒洋老师的课我一直在跟，几乎每次线下课只要我有时间都会去。因为我相信，改变和成长是一个持续性的事情，不能一蹴而就。

在认识恒洋老师之前，我也上过不少商业培训课和人际关系课，但一般去一两次就不会再去了。因为大多数的课更新迭代太慢了，可能几年内所推出的课程内容都是大同小异，学一次，和学十次的收获差别不大。

但如果我只是学习一两节课，其实并不能够达到我想要的效果。如果再去找其他老师的课，那就失去了学习的连续性和系统性。

恒洋老师的课程，很棒的一个地方是，他提供了一个不断让我们继续学习的环境，因为他的每一节课都在迭代。恒洋老师就是一个每天都在进步的人。**每次你见到他，他都在往前走，而你在追随他的过程中，不知不觉就已经成就了更好的自己。**

恒洋老师的课程就像一份持续更新的人际关系说明书。跟着恒洋老师，手握这本说明书，我就能一直学下去，一直进步，一直成长，这就是迭代的力量。

社交心法第五式：表达爱和感谢

好的表达能够增进情感。在家庭中，说话也决定着能否增进情感的亲密。早上起来看到伴侣别忘了说一句"我爱你"。出门前也别忘了跟孩子说一声"再见"。和父母相处的时候也别羞于表达爱意和感谢。

从此刻起，给自己设定一个目标：每天坚持和家人表达爱和感谢。坚持一段时间之后，看看你的生活会发生哪些变化。

高手复盘

1. 如果大脑是绝望的，现实就是绝望的。
2. 要像孩子学说话那样培养口才。
3. 1/3 跟老师学，1/3 跟同学学，1/3 跟自己学。
4. 沟通的核心是让别人喜欢你、推崇你。
5. 一对一沟通，核心是提问；一对多沟通，核心是捧场。
6. 站在什么立场你就讲什么话。
7. 领导者要学会使用语言来指导别人完成工作。
8. 随口要说鼓舞他人的话。
9. 好的表达能够增进情感。
10. 会做事的人，都是沟通高手。

06.
真正把事情做成的人，心上放着很多人

懂得向下社交，才能做好向上社交

试想一下，能够被自己真正放在心上的人，有几个？

很多人的答案不会超过 5 个。有些人的社交面虽然越来越广，认识的人也越来越多，但很多时候都不想与他人交朋友，似乎对交朋友这件事很无所谓。结果就是，生活当中只是增加了越来越多的过客，还总觉得精力不够，时间不够。

而真正把事情做成的人，心上都放着很多人，他们会把

很多人的细节刻在自己的脑子里。

我曾认识一个非常有才华的人,他的才华让我羡慕,甚至让我嫉妒。但他这几年一件事都没干成,经常是起步了,又很快结束。在这三四年中,他干了大概6件事,起步都很猛。因为他的领导能力、指挥能力、战斗能力确实强,可项目基本都只维持3个月到半年这样子,就黄了。

有一次他来找我聊天,聊了两宿,一边喝酒一边聊天。我给他提了各种建议,我甚至跟他讲,他接下来怎么做更有机会。我还提醒他,如果没有团队,这件事情做不起来,因为你个人能力很强,所以你才每次都能挺过冷启动,但要把事情长久地做下来,光靠你自己是行不通的。

因为我们两个人认识很长时间了,所以我俩的圈子有很多的交集。第二天他来跟我说:"我又找一个人聊完了,准备跟那个人合作。"这时,我才发现他找的人是曾经在生意上坑过我的人。

我还会再帮他吗?我甚至后悔拿出两个晚上的时间跟他聊天。

之后,我也真真正正地找到了这个人为什么干不成事的根源。我明白了,为什么他干不成事?因为他脑子里面没有别人。

老好人是不可取的，人一定要有立场。如果这个世界没有立场了，就乱了，就没有秩序了。

我不会再和他合作，不是因为我小心眼，而是因为做生意的人每天都会面对不同的人情世故，每天都要面对不同的天才和呆子。我不和他合作，是因为我判断他很难干成事，早晚有一天他也会跟那个和他合作的人的仇人合作。

我们看待一个问题的时候，永远不要死盯着这个问题，要从整体来看。果然，他跟对方合作了两个月，就散伙了。

有丰富经历的人，容易看懂事情的走向。

一个人，因为他有才华，厉害，就容易把所有人都当工具用，把其他人当傻瓜。不会做人的人会出现各种问题——身边不会有朋友，不会有合作伙伴，不会有人敢肝脑涂地地跟随，不会有人真敢投入一起去合作。

一个会做人的人，他的不成功是暂时的。一个不会做人的人，成功只是暂时的。

一个人如果不会做人，拥有再大的才华和热爱也没有用。

太多的人是一次性的关系，太多的人是即用即走的关系，太多的人不会布局他的人脉，**太多的人不会布局他的**

关系。

有一位老先生，技艺精湛，收徒后，很多优秀的徒弟出去创业去了。但创业成功是小概率事件，于是不少徒弟过着清贫的日子。

有个徒弟不愿走，他技艺不高，就乖乖待在师父身边，继续学习，然后帮师父处理一些日常事务。由于老先生越来越知名，来的人越来越多，这个徒弟有得天独厚的条件，就拥有了一定的决定权。通过他安排拜访的人，他就收取一定的费用。

10年下来，徒弟稳赚不赔，收入丰厚，而且他也是师父最喜欢的徒弟，因为这个徒弟很舍得为师父付出，他也希望师父能健康、平安、长寿，他对师父的忠心甚至超过了师父的儿子。

为什么越厉害的人越低调、越谦卑？

人外有人，山外有山。不知道身边哪个人就是高人。

他们见到的高人太多了，因为他们见过山，见过天，自然就谦卑。

骄傲的人，大多是因为他们自己的见识少，没见过厉害的人，没见过山外山、天外天。

把握感谢的机会，才能迎接更多的成功

你懂得如何去感谢你的恩人、贵人吗？

我做一个服务类型的产品推销的时候，有位大哥给我介绍了一个客户，那个客户购买能力真强，一次性支付了3万元为自己买了知识服务。

那是我在这个公司有史以来开的最大的一单。这一单我有2万元的奖金，于是，我就拿出来1万元想去感谢那位大哥。

正巧公司的大老板过来说："恭喜你。"我就跟大老板说："我得感谢我一个大哥。"大老板说："哪个朋友啊？你跟我聊聊。"

我就把来龙去脉说清楚了。那是我陪朋友参加聚餐遇到的一位大哥，他问我做什么买卖，我就把自己的业务说了说，结果大哥现场就打个电话给我推荐了一个客户。没想到，第二天这件事就成了。

大老板听完之后立马说，我要是你，就把2万元都送过去，然后再添点儿。我当时没听懂他的意思，还问"什么叫再添点儿"。当时我没有那么大魄力，但我懂得一个简单的道理，大老板是很厉害的人，他在指点我。

一个人真正变厉害的前提，一定是老老实实听厉害人说的话。

于是，我就自己添了2000元，精心挑选了一个礼物，准备找人去送。这时候，大老板还在公司，我就说了一下。老板让我拿给他看看，我就把礼物拿出来了。

大老板直接说："真不会买东西。"

我问："咋了？"

老板说："你花了多少钱。"

我说："22000。"

他不相信，于是我就老老实实把小票给他看了。

他说："在我看来，这个东西也就5000元，因为这个东西没有市场价值，没有公认的价格，而且你买的是工艺品摆件，这些产品还不能退换，在市场上也不能流通。"

我才意识到，买工艺品的缺点在于我诚心诚意花了很多钱，但给对方的感受未必是高价格的产品，也可能会认为是2000元购买的。这样一来，我原本的心意很可能就会被误解，哪怕我是真心实意地感谢，也会被对方误以为我其实并不上心。

老板帮我想了想办法，说："这样，你再去一下这家店，去要一份这家店的介绍，或者看看店长有没有名片，拿回来，放进盒子里。"

我听话照做，把取回来的资料一起放在盒子里了。这样做的好处就是，至少收礼物的大哥想查价格，也能够知道我是个愿意付出的人。

老板又提醒我："别找任何人去送礼物，都买了这么贵重的东西，你就敢交给别人去送，那这件东西给人的感觉就是不值钱。自己打车送过去。"

我听着老板的嘱咐，当时都有点晕，觉得自己怎么什么细节都不注意。

后来，我抱着工艺品出门了，又抱着回来了。我又去找了老板，请教老板："我现在要去了，我想再请教您一下，我去了之后，要做什么？说什么？"

老板说："你小子长进了。"他接着说，"第一件事，表达你的感谢。第二件事，双手拿着礼物表示礼物的尊贵。第三件事，当着对方的面把礼物打开。第四件事，拿出介绍的册子，介绍一下产品的出处。第五件事，一定要把小票放在上面，以防对方没看到，但是不要打开。第六件事，把所有盒子里边的礼物拿出来，请对方鉴赏。第七件事，客客气气地离开，再次表示感谢。"

我在这家公司打工期间，这位大哥至少又给我介绍了销售额达70万元的客户。这件事之后，我每次在感谢别人的时候，都会更注重心意的传达。因为我深深地知道，**只有把握住感谢机会的人，才能迎接更多的成功。**

你的好运就来自你的热情

牛人之所以变牛,是在他命运的齿轮转动的时候,有非常厉害的人给他提供帮助!所有成大事、有大成就的人一定都经历过坎坷,遇到过困难,而且在他们低谷的时候,一定有过厉害的人站出来给他们撑腰。

为什么有些人总有贵人相助,有人托举?为什么有些人身边总能够围绕着一群愿意帮助他们的人?答案很简单,因为他们的心里有团火。他们从小是热情的人,乐于跟长辈们交往,说话非常有礼貌,因为自己热情,所以吸引到了别人的热情。

很多人感觉自己活得越来越没有热情,越来越冷漠,越来越不想跟人打交道,甚至都懒得讲一句话。想想看,如果我们自己是贵人,会去帮助一个冷漠的人吗?

热情的人会吸引热情的人,冷漠的人会吸引冷漠的人。

你的朋友越来越少,贵人越来越少,身边能帮你的人越来越少,不是因为贵人没有在你的世界里面出现过,而是因为你自己变得越来越冷漠。甚至当别人帮过你以后,你连一句感谢可能都不会说,连感恩的心都在变得越来越淡,这样的人,其实是对自己已经不抱有太多的期望了。

如果想努力地跟命运抗争,想努力变好,就要记住:人的好运来自他的热情,爱笑的人运气总不会差。

如果你在生活当中已经成为一个缺乏热情的人,那我告诉你,你的生活可能会面临巨大的挑战。

我以前在一家广告公司工作,有一天来了一位新同事。他刚来的时候,大家都发现他有严重的皮肤问题,虽然没有人表现出对他的排斥,但大家对他的态度肯定是冷淡的,见到他甚至会远远地走开,唯恐避之不及。

我让新同事坐我对面了,然后带他熟悉了一下公司环境,告诉他茶水间、卫生间、休息室、会议室都在哪里,又讲了一些注意事项,还告诉他行政部在哪里,怎么领电脑等。他在公司转了一圈儿后,领到了电脑,我看了之后当时好兴奋,觉得公司给他的电脑配置特别高。

后来,新同事和我加上了 QQ,他就出去拜访客户了。到了中午,我吃完饭回来,他就给我发 QQ,说不回公司了。我问怎么了,他说,有个部门的老大说他形象不好,不让他来了。然后,他问我:"你能帮我把电脑交回去吗?"

我答应他了,他就把电脑的密码告诉我了。他还告诉我:"电脑 D 盘里有一个文件夹,你帮我把那个文件删了,或者你把那个文件拷走,你可以用,但是你一定不要给公司。如果你自己需要，自己用就可以了。"

我就把他电脑的开机密码输进去，把那个资料拷到我U盘里面，尽快帮他把电脑还给行政部门了。

我回到座位上，打开U盘文件一看，惊呆了，是大量的公司部门负责采购的总监的联系方式的表格。我当时工作最需要的就是联系方式，找到了需求人群，我才能推动下一步。

这个名单太值钱了，我都不敢擅自使用，于是我又问了他："这个名单我能用来做公司的业务吗？"

他很痛快地回复了："可以给你用，但是你不要给公司。"

我说："这份名单我会用，用的时候，也会跟你同步，我联系了谁，如果我后期谈的项目是在这个名单上产生了收入，我会和你分奖金。"

他说："我不要奖金，没关系，你就用吧。"

接下来他对我说的信息，让我也挺有冲动。他说当时公司招他进来，就是看重他积累了很多资源，没想到其他部门的人那么排斥他，那么对待他。非常感谢我把他当同事，接纳他。

其实，我只是早上带他转了一圈儿，是他的内心懂得冷暖。所以，**有热情习惯的人，每天都在遇到贵人，每天都在结善缘**。贵人就是你也不知道对方是不是贵人，但是我们要把每一个人都当作贵人一样去看待。

大部分人见到陌生人是不理不问的，极其冷淡，觉得新同事没有什么利用价值，什么都不懂，而且还有可能麻烦自己。但我相信，在工作中，就应该把对人好养成一种习惯，这样做，别人就会对你好。人心都是肉长的，你与别人的关系都是你自己决定的，你的行为是一切的起点。

有的人每天"气温"都很低，他周遭的空气好像都变成了 0 摄氏度。什么样的场合，只要他一出现气压就很低，我把这种人称为阻燃型的人，也叫 0 度人。如果你本身也不是一个足够热情的人，那遇上他，哪怕你有 30 摄氏度，挨上这样的 0 度人，难保不会变成 0 摄氏度。

尤其是一个人创新或者面对挑战的时候，一定是要克服困难才会有结果的。如果你在遇到大困难时，身边朋友多，往往大困难也会变得很小，因为有人帮你去解决。如果你身边没有朋友，即便遇到的困难不是那么大，你都很难去处理，小困难也就逐渐变成了更大的困难。

怎么让资源变多？怎么让朋友变多？怎么让帮助你的人变多？

方法就一个，做一个热情的人，而不是阻燃型的人。你有多少爱能给出去，就能收到多少人的爱。最简单表达爱的方式是热情。

当你把热情真正放在自己生活中时,就会有更多的人愿意跟随你、靠近你,跟你交流、沟通。

我们跟任何一个人所要建立的不是短期的关系,而是长期的关系。要建立长期的关系就必须有陪伴,有爱,有真情,有热情。

该进的时候要进,该退的时候也要退

有一次,我帮了一个人,他就不停地想请我吃饭,但是我真的好忙,没有时间跟他吃饭。他一而再,再而三地约我,我一而再,再而三地解释:"我真的没有时间,你真的别跟我客气。"

突然有一天,他电话打过来了,说:"我跟你说个事。"

我说:"怎么了?"

他说:"你不要以为帮助了我,你就比我厉害,高人一等。"

我说:"我帮你,是因为咱俩是朋友的关系。但是你请我吃饭占用我的时间,我的时间是有成本的。我不跟你吃饭,不是我看不起你,也不是我不愿意跟你吃这顿饭,你的自卑完全是你自己想象出来的。"

我觉得一个人如果真的懂得感谢，就应该为对方考虑，不应该让我帮了你的忙，还必须得花时间陪你吃饭。但我说完，对方生气了，到现在都没给我发信息，我也没再理他。

一个人，该争取的时候要争取，该忍的时候要能忍得下去。

什么叫忍？忍就是胸怀，就是格局，装进来多少东西，又不表现出来，更不会影响做事。

知进退的意思就是该争取的时候争取，该忍受的时候忍受。争取的时候一定寸步不让，忍受的时候一定不让对方一眼看出来，该示弱的时候示弱，该要强的时候要强，这就叫真正地知进退。

把贵人变成恩人，把恩人变成家人

很多人都问我："恒洋老师，我怎么才能认识贵人？"

我通常都问一个问题："你想认识多少个贵人？"

他说："一年 20 个。"

我说："先别说认识贵人，你一年能认识几个普通人？"

他说："个位数。"

我讲了一个最简单的道理："你连普通人都不会打交道，怎么可能去和大佬打交道呢？"

一个人需要吃 10 个馒头，那是直接吃第十个馒头吃得饱，还是得把前 9 个吃了？很多人都知道找贵人的重要性，但却不想去吃前 9 个馒头。人必须有不断地认识新朋友的能力，才能有不断地去跟贵人打交道，并且让贵人喜欢你的能力。

一个人一定会遇到比自己厉害的人。有没有办法把贵人变成你的恩人，让人家指导你，甚至把恩人最终变成你的家人？

如果有正确的办法，你遇到的每一个人都是你的贵人、恩人、家人。

很多人遇到了厉害的人，既不会说话，也不会办事；既不会交朋友，也不会交心。这就浪费了见面的机会。

如果我认识一个厉害的人，但他不是我的朋友，这就是能力的欠缺：**不具备把牛人变成贵人，把贵人变成恩人，把恩人变成家人的能力。**

那怎么做呢？我对自己的要求是，**真诚地赞美，小心地评论。**

如果一个人没有天生的人格魅力，也没有泼天的富贵和财力，就要让自己先成为一个开口懂得赞美别人的人，让那些优秀的人、厉害的人愿意和你交往。这种赞美是真诚的、发自内心的，甚至是具体的。

见到了优秀的人、厉害的人不要躲着，不要吝啬赞美的言辞，更不要因为别人说了你一句"拍马屁"，就不和优秀的人交流。

而对于其他人，我们也不要轻易去评判。总有人让我评价中国最厉害的企业家的事情，我都会说："对不起，这个问题我没有办法回答，因为对方比我厉害多了。"

第一，我没有对方这样的经历；第二，我不知道现实的情况；第三，我清楚的事实是对方为社会创造的价值，给太多家庭创造了安身立命的机会。

我一定不会去评价那些比我强的人，更不会去评价那些不如我的人，一定要去评价的话，那就是赞美。关注对方做得好的部分，去欣赏、去学习。

我的人生是来学习的，不是来批判的。不批评，是因为我期待自己早晚有一天能跟他一样厉害，和他成为朋友，和他平等讨论。如果张嘴就是批评，也就不可能走到他的高度。

我有个学员，给我发了条信息：恒洋老师，我毕业了。我找到了一个能够帮助我的人，他给了我很大的帮助和机会，让我现在拥有了非常好的一番事业。我现在非常忙，好久都没有去看您，但是我非常感谢您。

贵人能让一个人的事业慢慢地有一个更好的结果。普通人学习了贵人的品质和能量，就能上更高的台阶。

做人的核心是尊重他人

我们今天有没有做到尊重自己见到的每一个人？可能是一个路人，可能是一个司机，可能是一个保安，可能是一个保洁阿姨，也可能是你的客房服务员，还有可能是你的同事、你的上司、你的下属。

如果把尊重他人再拉高一个级别，我们可以看看自己有没有尊重他人的观点，尊重他人的想法，尊重他人的建议，尊重他人的感受。

尊重他人其实是有级别和标准之分的，不要只以为对人有礼貌就叫尊重。真正地尊重他人，不仅是有礼貌，有礼貌只是一个开始。有礼貌只能说是你的基本功，那都不叫尊重。你要尊重别人的观点，尊重别人的想法，尊重别人的建议，尊重别人的身份，尊重别人的一切。

一个智慧的人，是不否定别人的。不否定是一种智慧和尊重，不否定也代表着你恰到好处地把握了你和其他人的距离。

有的人做人挺好的，对其他人也很尊重，对周围的事物也很有公德心，但是总否定别人。我在直播间讲课的时候，有时候会进来一些网友，还没来多长时间，就说你讲得不对。我说："你开直播我去听，我向你学习。"

不否定是一种素质，更是一种修养，而且更多地体现了你的世界观。每个人的观点和观念是不一样的，我们要允许差异的存在。接受不同，是人的一种智慧。

做人的支撑是责任心

我有一个朋友，他的事业做得不能说风生水起，但也算小有成就。

几年前我们一起吃饭，当时我还留长发，经常会把头发用一个发箍拢到后面去。

我脑袋大，戴 62 号的帽子都小，所以要找到一个合适的发箍特别难。幸运的是，我朋友送了我一个发箍，只有那个发箍我戴上特别舒服。

我跟他吃饭的时候，那个发箍落在饭馆了。第二天，我打电话给饭馆，问起发箍，得知是他捡走了，他第二天就给我发了个快递。由于那个发箍是朋友在一个网店买的，可那个店铺后来没了。

但是三年后，我这个朋友一下子给我寄来了 10 个同款发箍。我很感动，虽然我已经不戴发箍了。我说："这么多年了，你还记得这件事，让我特别感动。"

我觉得这兄弟真是好哥们儿，真是好朋友。后来我就问他："你是怎么买到的？"他说："当时我给您寄发箍之前，我拍了个照，有的时候上网购物，没事我就搜一搜。前些日子买一个东西，我在搜发箍的时候，发现了同款，便一次性买回来 10 个，您先试试是不是一样？"后来我一试，真的是同款。

这个故事，让我看到了一个朋友对人的责任心。

做人的核心是对人尊重，做人的支撑是责任心。

懂得感恩的人，才会吸引愿意帮助他的人

说什么样的话，会吸引贵人？会让牛人愿意向你伸出援手？

这个世界上大多数的牛人都是孤独的。为什么？我向你揭示一个真理，这个世界上最厉害的人，是经历背叛最多的人，也是经历沟壑最多的人，还是经历"烂人"、小人最多的人，更是这个世界上吃亏最多的人。所以，你有一颗感恩的心，你时常讲感恩的话，获得牛人向你伸出援手的机会就更多。**一个懂得感恩的人，才会吸引愿意帮助他的人。当一个厉害的人，发现身边出现了一个懂感恩的人时，他不帮这样的人，他自己都难受。**

格局大的人和格局小的人的区别是，前者认为钱是需要在社会上流转的，后者是只要钱进了自己的口袋，就再也不允许出去。这样的区别导致了两类人：一类人身边总有机会；另一类人却只能感叹自己怀才不遇。

我们要努力把世界上的每一件事都变成机会。

别人帮你个忙，但再次被帮助的机会是靠自己的感恩心创造出来的。把别人当成要去感恩的人，也认认真真地把对方当成自己人，不贪心，格局大，目光长远，认为一切都是自己应该做的，这些都是获得机会的机缘。

机会，是可以被经营的；运气，也是可以被创造的。

前文提到的事例，曾有人提问，如果大哥帮助你赚取了70万元的销售额，那应该买100万元的礼物去感谢大哥吗？

如果这么想，证明还是不太懂人情世故。第一次答谢，先用22000元表现出自己的诚意，是和大哥交朋友的先锋；成为朋友以后，当然就不能再靠钱和礼物去维系了。朋友之间不是为了钱，而是为了两个人合作的项目。后面可以公平合理地谈合作，比如讲清楚自己做一单能赚多少钱，如果您给我介绍客户成功了，我每次把奖金的30%分给您，每一次我都会这样去感谢您。

大家都要遵守合理的规则。这就是这件事教给我们的：**资格和规则**。

因为你把别人当成要去感恩的人，因为你认认真真地把对方当成了自己人，因为你不贪，因为你格局大，因为你目光长远，觉得一切都是你应该做的，便都成了你的机缘。

人们都希望自己多遇到利他的人，而自己却很少做利他的事。

真正在行为上能够做到利他的、感恩他人的人是少数的，大家都知道什么是好，什么是对，但问题出在，不肯从自己做起，只希望别人这么做。当一个普通人增加了自己感恩的时候，也就增强了自己的战斗力。

你应该特别认真地去找到一个帮助你的人，找到一个能给你提供认知、思想资源，以及很多时候都愿意给你提供帮助的人，甚至他会给到你转折的一个起点，一个新的起点。

三步走好，遇到贵人

贵人到底是什么？我们如何拥有越来越多的贵人？我想问你一件事，就是你认为贵人应该在我们的人生当中扮演什么样的角色？你思考过这件事吗？

我有一个学员，前两天我收到了他的短信，很感动。

他说："恒洋老师，我毕业了。"

然后我说："你怎么毕业了？"

他说，他已经找到了一个能够帮助他的贵人，而且这个贵人给了他很大的帮助，让他有了非常好的一番事业，帮助他走上了正轨，让他看到了无限希望。

你们想不想也有这样的人生？你们想不想在自己的人生里收获一个更好的结果，走上一个更高的台阶？三步走好，必定会遇到你生命里的贵人。

第一步，要有充足的耐心。

"立身成败，在于所染。"

曾国藩曾经讲过人生第一要义：耐心。我们尊重任何一个人，就是在培养我们自己的耐心。培养对小事的耐心，才能对大事保持耐心。尊重身边的每一个人，其实就是在培养对小事的耐心，对大事有耐心。

有一次，有个人让我帮忙，我想帮他对接资源，就给他回了个信息：好的，等我这两天忙完了。大概过了6天，我已经帮他对接好了，结果我给他回复信息的时候，发现对方把我给删了。

后来，再次加上微信好友之后，我给他发了个截图，我说："虽然我没有回复你，但是我一直把你的事放在心上。你不知道我有多忙，我不可能秒回。你没有做到对我基本的尊重。"

我把对接的聊天记录发给他后，就再也没有回应他了。后来，他找人来和我联系，但我一直都没有办法和他一起聊天。

求人的时候，可以没有充足的钱，但要有充足的耐心。如果他没回复你信息，也没理你，他在忙，那你就持续地发，持续地去做这个事。

如果你是男生，想追一个女生，你要做到的第一步是什么？不是先送礼物，而是先要增加彼此见面的时间，增加你在对方面前的时间，你才能够做到有机会和她在一起。

第二步："砸"人，"砸"钱，"砸"时间，必须这么干。

世界上所有事情都是有代价的，没有没有代价的事情。

你想获得别人的帮助，就一定要记住，找贵人的目的是要获得贵人的支持、理解、指点，而不是要获得贵人兜里的钱。如果你只想获得贵人兜里的钱，那不叫找贵人，那叫找客户。

"砸"人，"砸"钱，"砸"时间，有时间就去陪伴，包括过年、过节、过生日等，送礼物是必需的，这些都是必须干的事。

第三步：虚心请教，不能停。

只要一见面就要问："我要跟您请教个事，我要跟您学习……还要跟您学习……还想学习……"只有一个人在另一个人面前获得优越感的时候，对方才会把自己的嘴打开，别人才会跟你交往。

现在很多人理念上的一个误区，是总想把别人说服。其实，这世界上谁也说服不了谁。世界上只有愿意跟你沟通的人，没有愿意被你说服的人。

人要懂得进退。

有一次，我去看病，挂的是专家号，大概迟到了半个小时，到分诊台以后，护士就说："你怎么来这么晚？"

我说:"真是抱歉,路上耽搁了。"

护士说:"人家得走好远过来出诊,约好时间了,你不来,人家走了,别看了。"

我说:"实在是抱歉,真的是不好意思,给您添麻烦了,对不起了。"

她说:"道什么歉呀?道歉也没有用,专家走了,你退号去吧。要不然你重新挂号去,下回再约吧。"

我说:"真的是不好意思,抱歉,我迟到了,但是我真的特别珍惜这一次看病的机会。咱们能不能给门诊那边打个电话?咱就打一个,行不行?如果人家大夫在那边,我赶紧跑过去,好吗?"

她说:"你等着。"

她帮忙打电话,还帮我解释,路上堵车,迟到了。

专家说让我在这儿等一会儿。后来专家真的回来了。

> 学员分享

真正的大爱是对人的极致关注

人物名片

王佳
北京大学医学博士,外科医生,北京大学、首都医科大学教师。

人生格言:有时去治愈,常常去帮助,总是去安慰。

新生:一次课,打通了我的人际关系卡点

认识恒洋老师之后,我重获新生。

一次偶然的机会,我在抖音刷到了恒洋老师的直播。当时听到一句话:"你那么拼命,那么努力,到头来有什么好事儿却没你的份儿。"

我一听,觉得他说的就是我呀。就因为这句话触动了

我，所以后来我就报名了恒洋老师的线下课。

我以前是个简单、善良、有爱的女孩，每天开开心心。但是因为太单纯，不懂得在社交中保护自己，所以经常吃亏，甚至受到各种伤害。就像恒洋老师说的那样，我总是默默努力，尽可能地去共情别人、帮助别人，遇到问题也会先自我反思。结果，凡是好事都没有我的份儿，坏事一发生我就是那个铁打的背锅侠。

慢慢地，我就把那个单纯、善良的小女孩藏起来了。原本开朗的我，也变得不爱说话，更不敢主动去提供帮助，生怕好心办坏事，到头来里外不是人。我逐渐把自己封闭起来了。

当时，我在人际关系中受了很多的伤，感觉天都是灰暗的，整个人在抑郁的边缘徘徊。所以我的人际关系也遭遇了严重的卡点——我不知道该怎么去和身边的人相处，只能机械地你问我答，公事公办。

我万万没想到的是，来到恒洋瓦教育之后，竟然轻松打通了我的人际关系卡点。

在这里，我久违地感受到了温暖，找到了家的感觉。无论是老师、同学还是工作组的小伙伴们，都那么善良、热情，因为感受到了满满的爱，这一切都安抚着我，鼓励着我，我内心那个善良的小女孩又被唤醒了。

以前，我的善良总是被忽视，被误解，被认为是理所应当。而现在，我的善良是被托举的，我的爱是有回应的，我是被爱着的。我记得很清楚，第一次上恒洋老师的线下课时，每个人的座位上都有一个笔记本，上面有一句话：**无论你在外面遇到了什么，天黑了，我们带你回家。**当时我的眼泪就下来了。

很多人认为擅长社交和不擅长社交是性格决定的，但是我觉得不对。如果你身边的人能够给你支持、给你鼓励、给你爱，那么就能够激发出你的社交才能；如果你身边都是泼冷水的人、喜欢甩锅的人、不关注你内心真实感受的人，你就会逐渐用冷漠来保护自己的心。

我负责任地说，"社交"这件事，无关乎性格是内向还是外向。

升华：从关注"病"到关注"人"

以前，很多人都问我是不是不喜欢社交，是不是性格内向。其实，我不是不喜欢社交，而是没时间社交。我是一名外科医生，工作时间一般都很长，也很累，下了班基本上就想睡觉，顶多看看自己喜欢的书。

再加上，后来遇到了人际关系的卡点，我就更加回避"社交"这件事了。曾经有一段时间，我一度认为社交是一件非常消耗内心能量的事情。我觉得，平时上班已经很累了，只要做好本职工作，放弃社交也没什么，尤其是那些无效社交。

但是，恒洋老师告诉我们，"无效社交"这个词是带着功利性的。如果你把社交当成为了从别人那里获得某样东西的途径，那么你就会很累，会充满压力。

事实上，社交是一种很好的生活方式。通过社交，我们可以交到朋友，可以分享自己的思考与感悟，对我们的心情、生活都是可以起到滋养作用的。

当我对社交的认知转变之后，我的生活/工作也发生了很大的转变。

以前，我就属于醉心于钻研专业知识，努力提升专业技能的那种人。作为医生，我每天盯着的都是病本身，认为只要我的专业能力过硬，能够帮我的患者治好病，就已经足够了。我跟患者以及患者家属，除了聊病情并不会有太多的交流。

比如，我以前在做手术之前跟患者和他们的家属谈话，都是例行公事，手术后也只关注患者的一些常规体征。现在回过头想想，我都觉得自己好像一个只会看病的机器人。所以，患者和家属在看我的时候，也总带着一种疏离感。可能是我那种对事不对人的态度传达给他们的——我是一个不太好相处的医生。

后来，我慢慢把眼光从"病"转移到了"人"身上。从恒洋老师那里我学到，**真正的大爱和大善，是对人的极致关注。**我立马回忆起第一次听恒洋老师线下课时的情形，正是因为我感受到了大家对我的关注、对我的包容，才让我从抑郁的边缘走回来，重新获得快乐和开心。

所以，现在除了出门诊、做手术的时间，我还会抽出时间跟病人和家属去聊天、去谈心，缓解他们的一些精神压力。医生不是万能的，很多病不一定能治好，尤其是一些恶性肿瘤病，到了晚期的话，不太可能完全治好。

美国医生特鲁多说过一句话："有时去治愈，常常去帮助，总是去安慰。"这句话上大学的时候老师就跟我们讲过，但是我一直没有深刻地理解它的含义。

现在我深刻地理解了。这句话就是告诉我们，为医者，要对人而不是对病给予极致的关怀。对于那些治不好的病，我们不应该直接给患者判死刑，而应该给患者和家属安慰和关怀。

医生说出的每一句"我尽力了"，对患者和他们的家属来说，都如同一把利刃刺向他们的心窝。如果我们这些医护工作者能够以人为中心，在表达上更温和、温暖一些，那么患者也可能会有更多的希望。这样一来，患者的情绪就会处于更加稳定的状态，对身体的恢复也是有好处的。

当我开始更加关注患者这个人时，我发现工作没有那么累了。通过和患者或者家属聊天，我帮助他们缓解了压力，他们对我也越来越热情。

我悟出了一个道理，就是当我们给予别人爱与关怀的时候，也会从他们身上得到一种爱的反哺。

社交心法第六式：
把牛人变成贵人

如果你认识一个厉害的人，但他不是你的朋友，这就是能力的欠缺：不具备把牛人变成贵人，把贵人变成恩人，把恩人变成家人的能力。

那怎么做呢？我对自己的要求是，真诚地赞美，小心地评论。

见到了优秀的人、厉害的人不要躲着，不要吝啬赞美的言辞。而对于其他人，我们也不要轻易去评判。

从此刻起，请尝试主动和优秀的人相处，多说赞美的话，把你身边厉害的人变成你的贵人、恩人，甚至家人。

高手复盘

1. 懂得向下社交,才能做好向上社交。
2. 真正把事情做成的人,心上都放着很多人。
3. 把握感谢的机会,才能迎接更多的成功。
4. 人的好运来自他的热情。
5. 该进的时候要进,该退的时候也要退。
6. 把贵人变成恩人,把恩人变成家人。
7. 真诚地赞美,小心地评论。
8. 允许差异的存在。
9. 懂得感恩的人,才会吸引愿意帮助他的人。
10. 机会,是可以被经营的;运气,也是可以被创造的。

在你做什么之前,先让别人知

你是谁

礼物 见人品

人品交贵人

饭桌 是撕开虚伪

鉴别真诚

进阶篇

地低为海，
人低为王

———

一时有人帮是运气，
一直有人帮是能力。

07.
在你做什么之前，先让别人知道你是谁

利用品牌效应来做自我介绍

在你做什么之前，先让别人知道你是谁。在别人不知道你是谁以前，什么也不要做。

这句话适用于任何一个工作场景。我经常被人拉进群。

第一种场景：

对方说："恒洋老师你好，明天上午有空吗？你有

空来我公司的话，我明天上午安排公关专员接待，公关部如果没有空，我就找市场部。"

第二种场景：

对方说："恒洋老师，不知道今天您忙不忙，如果您有时间，我有一个自我介绍，请您有空的时候一定来看一下。您的身份地位，您做过的案例，我都非常敬仰。我感觉能跟您说话是我的一种荣幸。

"下边是我的个人介绍、公司介绍，以及我的业务介绍。请问您在哪里？如果您有空的话，只要您有半个小时的时间，您空出来我会去拜访您，带着我的团队，无论您在什么地方。"

这两个场景的最大区别就在于一个让我感到被尊重、被当回事，而另一个则让我感到不被尊重、不被当回事，这两者是有本质不同的。

这个问题不取决于对方谦卑不谦卑，而取决于中间的介绍人是怎么介绍你的，跟对方礼貌级别高低没有任何关系。

如果中间人介绍到位了，他就再没有礼貌，也会对你客客气气的。如果中间人没有介绍到位，他就是再有修养，也不会太注意措辞。

所以，你有没有设计过别人介绍你时应该用什么样的工具？应该用什么样的语言技巧？

别人对你的介绍不同，所塑造出的你的影响力就会不同。

你给人的影响力不同，别人对你的态度也就不同。相应地，其他人在推进你的项目的过程中出的力、使的劲儿也会不一样，最后成交的价格就会完全不一样。

所以，你自己必须去设计一个恰当的自我介绍。因为如果你不设计的话，你在别人眼中或许就是个轻于鸿毛的小角色，哪怕对方其实是在求你办事。

团队谈判的时候，当我们出现在对方面前，不要马上进入业务交流，而应该先做好自我介绍，比如介绍"这位是我们的CFO，过去曾经供职在……他为曾经服务的工作创造过的业绩是……他有这几家上市公司的工作经历……他服务的客户是……他的朋友有……这位是我们的CEO，他的经历是……他现在正在做……他的使命是……这位是我们的COO，他曾经是这家公司的……后来放弃了千万的期权，现在跟我们一起创业……"

做好团队介绍，后面的事情不用谈，因为对方只听完这个介绍，就会想马上合作。这其实就是一种品牌效应。

把自己当成一个品牌去经营

人必须有品质地活着，品质是能力、实力、内核、魄力。

人也要有品牌地活着，品牌就是你得在意别人看到的你的样子。

我早期做销售代表的时候，出门几乎是穿名牌西服。一般的西服上面开扣的口是在左边，而我穿的西服上面开扣的口是在右边。

因为我早期做业务员、做销售代表的时候，要向收入高的人群去推销，我也得有个可靠的形象，所以好的西服能证明我也是有品位的。

但是高档西服太贵，对于那时候的我来说其实是超出了我的经济实力的，于是我就买二手西服。名牌西服的一面旧了，长期被熨斗熨，导致上面的毛纤维都磨光了，都会泛光。有的人就把西服给收上来，然后把衣服拆了，翻一面重新缝上，再便宜些卖掉。

当时我外表的行头中，品牌的皮鞋和西服都是二手的。尽管如此，在我见客户的时候，它们还是替我传递出一些信息——这个人是有品位的。

我常去做一些接送工作，我的哥哥们都愿意把这个工作交给我。

比如，我的哥哥们要见一个重要的客户，不需要让自己的司机去接，我会去接客户。

很多人以为是把人接到请客的地方，接待工作才算开始。我理解的是，当我的车出现在对方面前的时候，接待工作就已经开始了。

自对方上车的那一刻，你车里的温度、湿度、音乐、摆的饮用水、放的杂志等，都在传递信息。

你在车上跟对方交谈，聊天所谈论的内容，你对今天主办方的赞美，你与对方的每一句话、每一个语气、每一个神态，那都是已经开始传递信息了。

所以你的个人品牌就来自你与对方相处的每一个细节，把自己当成一个品牌去经营，对方才会接收到你是个有品位、值得交往的信息。

很多人问我："老师，我是一个普通人，我也不知道我要不要有个人品牌？"

我说："普通人才要有个人品牌。都这么普通了，再没点品牌，那岂不更普通了？不想当别人眼中的透明人，就需要了解这个方向。"

如果一个人拥有品牌,会比你同行业的人更值钱——因为他拥有了对自己劳动的定价权。

别人来请求合作的时候学会放低姿态,谈判也会变得更容易。

只要有1万人喜欢你,你就能财务自由了。

个人品牌是捷径。每个人都应拥有自己的个人品牌,个人品牌永不休眠。

有个人品牌的人一年能够活出10年来,一句话能够顶一万句;没有个人品牌的人,只靠蛮干是不容易出成果的。

有个人品牌的人,时间会越来越值钱,会被别人谈论得越来越多,获得机会的成本会越来越低。

这就是人生的杠杆,有杠杆就能加速成功,加速破圈,加速获得机会的能力,加速获得别人的帮助。

我有一个表妹,在北京工作,靠有效的跳槽运作,工资终于到了月薪3万。她的跳槽并不是随机的,而是有意识地让自己从小厂跳到大厂,让自己从小公司跳到大公司,从一般公司跳到知名公司。

当她拥有了知名公司的履历时,哪怕收入并不高,但她收获了经验和眼光，然后再跳槽回小公司，她就让自己的时间变得更贵了。

要有个人产品化的思维，把自己当成一个品牌去经营，你看到的世界和思考问题的逻辑就会与别人不一样。

正如一瓶水，放到不同的地方，它的价值就会不一样。例如，在超市，在咖啡厅，在酒店，在沙漠，它的本质没有变化，但人们肯为它付费的意愿完全变了。

我们让自己的时间变贵，并不是为了敛财，而是要明白，当你的收入有了更好的保障时，你就有了更多的时间去打磨自己，提升认知，进步才会变得更快。

真正帮到自己的，不是能力而是心力

如果你在身边的普通人当中稍微有一点名气，大家也会倾向去听一听你的意见和看法，哪怕是有实力的人也想找机会跟你合作。**个人品牌是每个人必须拥有的一份资产，这是正循环。**

奢侈品深谙私域流量运营之道。它在很多人的生活中扮演着一个什么角色呢？有时候，它是一个人要实现的目标：我一定要买某个牌子的包，我一定要实现某个品牌的化妆品自由。

假设某个奢侈品门店突然做活动，只邀请 100 个人参加。邀请函放到了你手上，你就会打量自己，也许会想换个新发型，还有可能觉得衣柜里的衣服没有一个配得上这个活动。

什么东西在发生作用？品牌是让别人高看一眼的产物，当你拥有了品牌以后，就会改变和你说话的人的态度。

我在人生负债阶段，终日琢磨怎么改变自己的人生。我知道有个成语叫"四两拨千斤"，我就找了一个天平，称了四两的钥匙扣。这个四两就会形成心锚。我每天把这串四两的钥匙放在兜里，提醒自己做事要讲究方法，要四两拨千斤。

人生在谷底的时候，能够真正帮到自己的，不是能力而是心力。

后来，我们做了一个精致的信物，名字就叫"四两"。我从来没有销售过这个信物，恒洋瓦的学员可以通过回答问题获得"四两"。

恒洋瓦有阿姨专门给伙伴们做饭，我中午在公司时间很少，有一次，我中午去了公司，看到阿姨做了包子，就尝了一个。

有个小伙伴当天下午跟五六个同事说我吃了阿姨做的包子。其实我是个正常的普通人，也喜欢吃各种包子，但是这个小伙伴就觉得我吃的东西要好，没有和包子结合起来。

个人品牌是什么？它是你在其他人脑中所有想象力的总和——它不在于你是什么，而在于别人怎么想象你。

只要我把店开在爱马仕的旁边，我不是奢侈品，但我卖什么都是奢侈品。

很多公司都在比创意的时候，我的公司是在帮助客户立住自己的品牌。我们把全中国爱马仕的店铺统计出来，比如爱马仕店铺的奢侈品街区里哪有空的档口、空的店铺。我们把价格、租金列出来，把这一套选址报价表发给客户，客户就会选我们。

个人品牌是别人对你的想象力，也是在对方世界中，你存在的价值感，个人品牌是别人对你的需要程度，个人品牌是管理别人对你的印象。

个人品牌是你未来生活的基础，个人品牌包含如下内容：社交个人品牌、专业个人品牌、私域个人品牌、公共个人品牌、媒体个人品牌。

它在不同的层面会起到不同的作用。比如，我要介绍自己的一个朋友，我会说："她是我多年的朋友，我们两个认识很久了，她家的司机服务了她家三代人，家里的阿姨过年没有回老家照顾自己的孩子，而是一心为她服务。现在，她的伙伴里有自己的同学,有小学同学、高中同学、大学同学甚至还有幼儿园同学,都跟她在一起。"

这位女士靠不靠谱?我不需要强调她靠谱,甚至都不需要总结出"靠谱"这两个字,她身边的人已经证实了这一点。

靠谱也是个人品牌中重要的一环,遇到聪明人,但情绪不稳定,他不开心就翻脸,你敢跟他合作吗?

如何塑造自己的个人品牌

个人品牌在别人印象当中是各种不同的标签。

走到牛人身边,找到身边的爱马仕,让自己约等于爱马仕。

为什么那些限量款会让人更珍惜?因为它们限量。

人也要活成限量版的有个人品牌的人。别觉得自己一无所有,想想看,出生地是不是你的个人品牌?大部分人对某个地区的人会有感性认知,甚至你的姓名、头发的颜色都可以成为你的个人品牌。

有一次上课,我说红头发会吸引别人的注意力,结果下课以后,一个学员就出去把头发染红了。他做的是对的。一个人的穿着打扮、头饰、发型、手表都可以是个人品牌的一部分，都能构成别人对你认知的一部分。

另外，眼镜也能改变一个人的气质。一个人身上所有的东西都是个人影响力的一部分，要有意识地去雕刻和塑造。

个人品牌只要几个关键动作做对了，别人就会对你产生印象。那些从谷底翻身的企业家，他们在自己最没有钱、最穷困潦倒的时候，掌握了把自己变强的规律，因而逆风翻盘。他们把认知的客观规律搞懂了，用认知去占领市场，去跟别人打交道，最后得出来他们自己想要的结果。

在社交个人品牌的使用中，有一条原则：**认知大于事实，未知大于已知。**

然而，现实生活中，大部分人都没有个人品牌，都是在用事实面对这个世界。

你躲在角落，凭什么让世界瞩目？**学会设计第一次见面就非常重要，因为它代表了你是谁，代表你在别人面前的认知，代表你在别人面前的样子。**

5年前，我曾经用4个小时拍了几千张照片，最后只选出来了3张，摄影师又重点推荐了其中1张。我当时是非常不满意的，甚至有点生气，因为那张照片没有把我的任何缺点掩饰掉，反而放大了我的面部缺点。一张照片半张脸，而我本来脸就大，现在照片里全是脸。这又放大了我脸部的其他缺点，本来就小的眼睛，现在更小了。而且这张照片有一边还过度曝光了，就是无论从哪个角度看，这张照片都不完美。

结果，我拿给小伙伴们看了之后，他们竟然也选中了摄影师要的那张。我问为什么要用这张，他们就说，老板，其他照片看起来都是在走向富有的路上，而这张照片看起来已经很富足了。

于是，我就把这张我最不喜欢的照片发到朋友圈，想看看到底是我的审美有问题，还是照片没拍好。没想到很多人反馈这张照片拍得太好了，问我照片在哪儿拍的，也想找这位摄影师。我就拉了个群，给摄影师介绍生意。

摄影师居然跟我生气了，都没有打完整句话，就发过来了："恒洋老师，请您不要再介绍客户了。"

我还纳闷，帮助介绍生意，怎么还这么生气？后来他发了资料过来，给我惊到了，他拍摄过太多大人物了——明星、企业家，各个领域的大咖、能人都有。而且，我在资料中还看到，他的摄影长镜、灯光、化妆、场地、置景、策划都是明码标价，可是他给我拍的照片，各种费用都没有计算。

看完他的资料，我又回到自己的朋友圈，重新打开自己那张大脸照片，一会儿缩小看，一会儿放大看，这次我竟然觉得这张照片怎么看都好。虽然脑袋和脸都大，但真的很特别，这张照片后来也成了我的背书。

照片没有发生变化，是我的认知发生了变化。**品牌，就是在东西不发生改变的情况下，能改变价值的那个因素。**

我曾经和一位老板去吃饭，约在了北京三环边上吃拉面。在吃拉面之前，他的语言已经把这碗拉面变成了招待贵宾的一次午餐。去了之后，地方不大，我仍然觉得这碗面很好吃，他就是用了塑造品牌的方式。

有一类人，能把没有价值的东西说得有价值；还有一类人，能把有价值的东西说得一文不值。这就是能力的差别。

礼仪水平会增加别人对你的好想象

举个例子，在奢侈品的购买过程中，如果没有礼仪的存在，我们购买的过程会觉得美好吗？甚至我认为，恰到好处的礼仪，是产品价格的一部分。

我举个例子，买一个名贵的包，店里就不会装修得潦草，也不可能把包挂在墙上，让你自己拿。对方必须戴上手套，必须小心翼翼。

你尊重别人的利益，有可能引导别人产生对你的时间付费的意愿，也必然让别人对你有更多的期待。

我们还要敢于把自己的时间变贵。敢于把自己变贵，就有人敢为你付费。

有时候，一个人的时间廉价不是因为他不贵，而是因为他从来没尝试过把自己变贵。在工作中，塑造自己的个人品牌，要敢于和老板提加薪。总提加薪，当老板遇到难事了就会让你试一下，你就获得了机会，离加薪就近了一步。

你之所以没有机会，是因为你从来不去争取机会。而当一个机会摆在你眼前的时候，你的能力会自动变强，你也会自动变厉害。

什么样的机会放在你手里，你就是什么样的人。

个人品牌是一个主动行为，要主动展示自己、介绍自己、绽放自己、释放自己、联结他人。

上学的时候，老师提了一个问题，自己心里面明明有答案，但是不敢举手。后来，另外一个学生举手回答了，得到了老师的肯定与表扬。接着，老师又提了一个问题，自己心里面又有了正确答案，刚要举手的时候，另外一个人举手了，对方的回答也是正确的。然而，当老师再问下一个问题的时候，你刚要举手——下课了。

人生不能总活在等待中。有一天，我收到了一张微信图片，是多年前我上课的现场图，当时的我作为学员，也是愿意付费六位数去学习的。我看到自己坐在那里的样子，一副高冷的姿态，就好像全场的人都应该主动来和我社交似的。我记得，当时所有的人合影照相了，而我是跑出去参与的，因为没人想到要喊我。

人们总是关注大方向，忘了把细节做好

我们会随着时间淡忘很多人，但有些人会因为一个小动作，被记一辈子。当我们回忆自己小时候生病，父母对我们的照顾时，比如夜里起来带我们上医院、找药、量体温等，这些细节都很动人，会让我们记一辈子。

很多作品和艺术品，因为细节做到了极致，才被人不断地品鉴和分析。

人们总是关注大方向，忘了把细节做好。

比如，我们想和别人建立良好的沟通，那就要从细节上去考虑对方的感受，找到彼此共同的爱好，这是拉近彼此距离的一个有效方式。又如，找到共同的认知。找到共同认识

的人，都可能带来阶段性的、突破性的进展。

很多人对个人品牌的认知是通过自己一个人搞定其他所有人来获得的，这个认知是错的。一个人能认识多少人？非常熟悉的人一定超不过 100 人，有 10 个人就不错了。

未来和命运，和自己的熟人有关系，还有熟人介绍的朋友，都会影响你。所以做个人品牌，起步的时候，并不是一个人搞定一片人，而是一个人联结好一个人。比如，把自己和父母、另一半的关系联结好了，家庭就稳定了，孩子也没问题了，自己创业也更轻松了。所以，个人品牌并不是一个复杂的公关传播行为，个人品牌是从面对面开始的，不是从远对远、多对多开始的。

如果一个人自己没有梦想和斗志，可能真的不需要个人品牌，但如果想拥有影响力，就应该重视个人品牌，这是个人资产升值的刚需。

不要怕折腾，个人品牌就是这辈子让你折腾用的，你越折腾，你的个人品牌越值钱。有一位投资人说，如果一个创业者第三次失败以后，他的成功概率会比别人高。有两个人出现在你面前，一个"小白"什么都没干过，这个时候来找你投资；另一个失败者已经创业失败过，但他还在创业。第二个更有价值，因为失败也是一种经验。

每个人都可以折腾出自己的个人品牌。

但行好事，莫问前程

一些明星、企业家、名人在讲自己的经历时，会分享自己的运气，在看似不可能的场合，遇到了某个人，成就了自己的一个新机会。

人要有拥抱偶然性和创造偶然性的心态，我们并不知道下一步会发生什么，所以每一件事情都要做好。

多年前，我在一家文具公司做副总裁，当时公司的产品几乎占到了市场份额的60%，后来，随着时代和行业的发展，这个品牌的影响力面临更多的挑战。

我做培训工作以后，还坚持用这个品牌的本子，虽然我知道自己购买的力量可能微不足道，但我依然想尽自己所能，去给这个老东家贡献一些营业额，我觉得我应该这么做。

我在讲课的时候，有一个学员发现了这个品牌的本子，他曾经是这个品牌的基层经销商，他看到了这个品牌的本子出现在恒洋瓦的课堂上,当时热泪盈眶,找我聊天,讲到自己这几年的发展与转型。看到我还在支持这个品牌,他带着全家人加入恒洋瓦教育,为恒洋瓦带入了新的力量和机会。

这就是但行好事,莫问前程,有的人相信,有的人不相信。

不相信的人,并不是他不好,而是他自己还没有过这样的经验。但在好事上拿到好反馈,甚至获得超额收益的人,就会愿意去这么做。

但行好事,莫问前程的过程,也是在树立自己的品牌,个人品牌是时时刻刻存在的。

我曾经有一个客户是房地产公司的,请我做品牌咨询。

当时我服务的公司在业内非常知名,我做完营销体系的方案,因为时间太仓促了,自己觉得并不是很满意。提案的时候,我战战兢兢的,做好了不成功的准备,讲完之后,对方老板沉默了。可我还是得问对方:您觉得我这个方案哪里需要修改?

我想表现得谦卑一点,既然没有达到我心中的一百分,我就应该允许别人去修改,接下来我可以一直做到对方满意为止。

终于，我看到对方的老板从椅子上站起来看着我。他说："如果你做出来的营销咨询还有错误的话，那么天下将不存在正确的东西。"

我当时彻底蒙了，以为自己听错了。他说出这句话，我能读出背后的信息，并不是方案做得有多好，我当然知道，我自己的品牌虽然在国际上知名，但由于对国内的本土人情不了解，所以关键部分还是得我自己做。

我当场感觉到个人品牌的魅力，个人品牌可以把成年人变成小孩。孩子气就是不管对方做什么，自己都会认为对。

我个人对迈克·杰克逊正是如此，我买了很多他的产品。当我情绪低落的时候，就打开他的演唱会听，看着看着还会流眼泪，总觉得这种天赋的人再也不会有了。当然，在歌迷中，比我更疯狂的人太多了，这都是个人品牌在发生作用。

个人品牌是复杂的学问，其中还包含着心理学、品牌宣传、营销推广的各种知识，它是你的资产，你值得为这个资产去研究和付出。

社交心法第七式：打造个人品牌

个人品牌是捷径。每个人都应拥有自己的个人品牌。个人品牌是一个主动行为，要主动展示自己、介绍自己、绽放自己、释放自己，联结他人。

评估一下自己是否是有个人品牌的人。如果有，请回忆自己是如何打造出个人品牌的，这个过程可以和身边的亲人、朋友分享；如果没有，那么就从此刻开始打造自己的个人品牌吧。

高手复盘

1. 在你做什么之前,先让别人知道你是谁。
2. 把自己当成一个品牌去经营。
3. 个人品牌是捷径。
4. 学会设计第一次见面。
5. 要敢于把自己的时间变贵。
6. 认知大于事实,未知大于已知。
7. 从细节上去考虑对方的感受。
8. 但行好事,莫问前程。

08.
礼物见人品，人品交贵人

你有多会送礼，你就有多成功

送礼物破冰是快速拉近距离的社交方式，这是一个公开的秘密，但只有少数人知道其中的精髓。懂得送礼的人，能让自己的人生更上一级台阶。

如果你真正用心了，通过礼物，别人就能看到你的人品。一个真正懂得送礼精髓的人，就掌握了与所有牛人、贵人建立联系的通道。我常说礼物见人品，人品交贵人，就是这个道理。

你是不是很多时候不知道给领导、同事、客户、亲人、朋友送什么礼物才合适？你是不是不知道在什么情况下应该送礼，什么情况下不应该送礼？你是不是认为送礼就要送贵的？一顿操作猛如虎，结果没有激起半点涟漪。花了大把的钱，礼物倒是送出去了，而收礼的人好像没有任何表示。

你有多会送礼，你就有多成功。

我有个做办公用品生意的朋友。他有两个下属，其中一个看似特别机灵，也挺擅长交际。他每天都陪着老板聊天，可以说是存在感满满。而另一个比较内向，平时话不多，更没有找老板聊天的习惯。但这个下属每当逢年过节都会想着老板，很有仪式感地送一些看似普通，实则很贴心的小礼物，既不贵也不高端。比如，端午节他送老板的就是自己老家包的那种不是很甜的粽子，因为老板血糖高。

如果你是这个老板，你身边有业务机会时，有大客户时，有去开拓新市场的机会时，你愿意把这个机会给谁？

你肯定会把机会留给那个会送礼的人，对吧？原因很简单啊，你在他的礼物中看到了他的细心，看到了他的人品。事实也的确如此，后来有个大业务谈判的机会，那个老板真的把机会给了那个话不多但很体贴的员工。

人是社会性的动物。我们需要不断跟身边的人、熟人介绍的陌生人、陌生人介绍的陌生人打交道。我们要的不是塑料友谊,而是希望能遇到有合作精神的人,找到敢于担当和付出的朋友。

我们自己也要成为这样的人,想想自己的大学同学,如果从大学毕业以后到现在,两个人经常互相赠送礼物,关系就不会越来越淡,反而会越来越牢固。

我主动给别人送一个礼物,他出于礼尚往来,会回送我礼物,可能他送的礼物比我送的贵,这个时候,我收到礼物了,还是觉得有点欠妥,会想再送一件礼物给对方。

双方养成这样的关系,一年、两年、三年过去,两个人可能本来只是商业上的合作关系,但随着时间和共同的付出,就成了朋友关系。

商业合作关系,是两个人之间永远说客气话,朋友关系是可以一拍桌子就说实话。

送礼是用心意交换对方时间最优雅的一种方式,是用心意拉近双方关系最直接的一种方式。

送礼首先考虑的永远是心意

送礼物是一门高级艺术。

你有 500 元的预算,一个 500 元的转账,对方不会收,但如果是你精心挑选的一个礼物,有纪念意义,对方就会很感动。

有一个礼物很有意思,就是生日当天的报纸。这份报纸和直接转账比起来,当然是这份特殊的报纸更有纪念意义,每当你看到它的时候,就会回忆起那个送你礼物的人。

送礼首先考虑的永远是心意,是纪念意义。所以,比起金钱、价格,挑选礼物更需要的是从对方的角度去挑选。

要知道,选礼物不仅要花钱,更需要花时间和精力。你选一份礼物所花的那几个小时也是你生命里的时间。如果预算有限,那就不要送那些华而不实的东西。如果预算充足,就没有必要太斟酌礼物需要多么创新。因为,最后有可能你精心准备的礼物,对方拿过去打开一看,根本就不喜欢,两个小时白费。

我原来送父母保健品,送吃的用的,后来我发现保健品都过期了父母也想不起来吃,吃的用的你买完了就在那儿放着了。最后这些东西通通进了垃圾桶,你说郁闷不郁闷,因为爸妈根本没有享受到。

我给于斌大哥送礼物可选择的空间实在不多，但只要留心，依然可以送出有自己心意的礼物。

在送礼物的过程当中，我脑子里边只想一件事情，他还缺什么呢？这件东西一定是他的场景里边应该有的东西。如果他家缺一个红酒柜，那我一定送红酒柜。如果缺一个音响，那我一定送音响。如果家里缺冰箱，我一定送冰箱。当然，于斌大哥家里并不缺这些。

我后来发现了，于斌大哥家里缺一台望远镜，于是我就送了他一台天文望远镜。

当然，我们送礼物的时候，要考虑对方的接受度，这个礼物送出去对方会不会感到不舒服？坦白讲，如果于斌老师家的房子空间有限，送一台望远镜合适吗？这不仅不加分，还给人添麻烦了，这望远镜一定会被处理掉的。

投其所好是送礼的一个原则，但是它并不适用所有场景。

一个人的爱好被大部分人了解之后，那么所有人送的礼物就是那几种。比如，有人喜欢喝茶，有人喜欢喝酒，于是所有人送来的礼物就是茶和酒。

你倒是送得轻松,不用去琢磨到底选什么礼物,关键是对方收礼的时候其实也没有太多情感流动。因为他很难从一堆没什么区别的礼物中记住其中哪一份是你送的,更别提在以后某个平常的日子里回忆起有你这么一号人曾经去拜访过他。

我曾经去一个好朋友家里喝茶,他发出了一句感叹:"什么时候茶叶上面能显示人的名字就好了,因为我收到的这些茶叶都不知道是谁送的。"我听了心里其实也有点难过,因为我自己就没少送他茶叶。

此外,如果是同一个品牌的产品,别人送了一箱,你送了两盒,对方心里很容易产生比较和判断。

螃蟹永远是最佳的送礼选择,而且,能送螃蟹就不要送券。直接拿着新鲜的螃蟹登门拜访,见面像久别的朋友一样聊聊天,当面送出关心。

现在,螃蟹不算多么珍稀的食材,那么吃螃蟹是不是家里一件特别开心的事?是不是一个不错的家庭聚餐活动?一家人其乐融融,一边吃着新鲜的螃蟹,一边拉着家常。以后人家再一家人齐聚一堂的时候,是不是也能想起你?

我有一个朋友更厉害、精明，深谙送礼精髓。在人人都送大闸蟹的时候，他送拆螃蟹的工具蟹八件。而且他是自己去定制的，包括那个包装盒子也是定制的，工具上面还刻着他的名字。你不能经常出现在对方面前，但是你送的礼物可以。

这一套礼物下来金钱成本并不高，但是收礼的人会感受到他的心意。关键每次吃别人送来的螃蟹，都得用他送的蟹八件。这个礼送得高级不高级？我觉得这叫四两拨千斤。

有了礼物，人与人之间就有了人情味

盲目送礼的人就像一个不会放调料的厨子，只会把东西煮熟。但懂得送心意、懂得付出的人，就等于学会了放佐料。饱含心意的礼物送出去，人跟人之间的关系就增加了人情味。

有人说，我没有什么东西可送的，对方也没什么需要的。这个时候，你说的话也可以是礼物。"良言一句三冬暖，恶语伤人六月寒。"当你经济能力不够的时候，送不起名贵的礼物，即便是一句鼓励的话、一次真诚的关心，也能让对方感受到你的心意。

我曾经有一位领导,每次开会都拿我开一些不太善意的玩笑,还特别喜欢针对我,丝毫不给我留面子。有时候甚至在没搞清楚状况的情况下,就把其他人的过错安在我身上。

每次他讲完话,我还得站起来分享,我只能说:"感谢杨总对我的指正,如果身边没有老师的话,那将是一件非常悲催的事情。而杨总多年的经营经验、创立公司的经验、管理公司的经验,是我要学习的。杨总说的话,我全部接受,全部认同,而且全部改正,请杨总观察。"

这样的日子过了三四个月,他并没有因为我的低头服软而改变对我的态度,但是转机就发生在一个平常的工作日。

那天他路过我的办公室,就走进来看了看。我们那个办公室里原本有两个人,而那天只有我一个人在。我当时用一个支架支着笔记本电脑,让笔记本电脑和视线一般高。他进来之后就说了句:"这个笔记本支架不错。"

我说:"对啊,杨总,咱们天天看电脑,老低着头的话颈椎会出问题啊。"

他说:"好的,没什么事,我走了。"

他刚走出我的办公室,我就开始翻柜子,支架的包装还没扔,我就赶紧在柜子里面把包装找出来,把支架拿下来,装进原来的包装盒里。

他前脚进了他的办公室,我后脚跟他进了办公室。我说:"杨总,我有两个电脑支架,还有一个没开封,本来是想给我哥的,我觉得特别好用,现在我很想送给您。"

后来开集团会的时候,他居然开始夸我,我都蒙了。他说:"所有人都去看一看恒洋的PPT做得有多漂亮,他的格式很严谨,这是一个大集团的标准。"我当时完全没有反应过来,原来平时对我那么苛刻的杨总也有这么令人如沐春风的时刻呀!

这件事让我明白了一个道理:你的敌人变成你的朋友,可能就差一句话和一份礼物。人与人的关系改变,可能就差一份礼物,也许是一份很轻的礼物。

礼物,为你埋下机会的种子

送礼物是最快速建立关系的方式。

六一儿童节,我们如果对孩子毫无表示,孩子可能会想,爸爸妈妈不爱我了吗？逢年过节的时候，想到平时对自己很好的人，别一忙起来就都给忘了，觉得送不送礼物都无所谓了。给自己建立一张礼物清单，把这件事情科学地管理起来。

竞争对手一直在表达感谢，你一直什么都不说，也不表达，当机会出现的时候，谁会先获得机会？

对于大部分人来说，收到礼物的那一刻，他的心里面就开始替对方着想了。

收到礼物后，一般人都会觉得我收你一份礼物，我就欠你一个人情，欠你一个回馈。

我有一个兄弟不善言谈，但他每次去见老板都带着礼物。有一次，他的老板说："给你个项目，你去试一试。"他第一次这么顺利地赚到一笔30万元的奖金。他拿出20万元，直接带着老板的父母去旅游，一路上无微不至地照顾两位老人。

此后他也是一直坚定地追随这个老板，用不到一年的时间赚到了300万。为了感谢老板的栽培，他又将自己的300万作为活动资金，为老板开拓新业务，最后他成为老板身边最被认可、最被信任、最被器重的那个人。

这样的人，他的成就早晚有一天能超过他的老板。

如果我们去参加一个大型活动，准备了200份礼物，给在场每一个人送一份。别人会不会去想这个礼物是谁送的？在这次无差别地送礼物的过程中，有的礼物送出去一定看起来没有意义，可能有人收到这份礼物以后完全无感。

那么，我们应不应该因为有的礼物送出去没有意义就不送了？

讲一个我亲身经历的事。

我是做个人品牌咨询的。有一天，有人找到我说："恒洋老师，您做个人品牌咨询业务吗？"

我说是。对方接着说了一下自己需要的业务，又问了一下报价，就让我把合同发过来。事情就是这么推进的。

后来我才知道，他是一个知名投资人的亲友，这位投资人向他推荐了我，是这样说的："你要是想做个人品牌，在国内你一定要找一个人，他的名字叫恒洋。"

很多事情都是因为找到了背后的事情，你才找到了动机和原因。

其实推荐我的那位投资人，我一点都没感受到对方的热情，我只是经常送对方我们公司的各种产品，他收到后会说谢谢，也没有太多其他交流，但我还是坚持给他送礼物。

过去我送礼物总是希望对方能给我个正反馈，如果送一次、两次没有回应，我就不继续送了。但是，这件事情教育了我。

虽然送礼的当下对方没有给我太多热情的回应，但是他在其他人面前提到了我，还给了我这么高的评价。他的评价让客户走到我面前，给了我一份七位数的合同，在没有和我进行任何谈判和讲价的情况下就爽快地签了。

一份带着诚意的礼物就是一粒种子，帮我们把自己种在对方的心里。

但是很多人不明白这个道理，很多人即使明白了这个道理也不好意思这么做，觉得送礼是一件很尴尬的事。而且很多人对送礼有误解，觉得送礼是低人一等，只有求人办事的时候才会送礼。

事实上，送礼是一件很高尚的事，送礼是情感的沟通，是心意的表达。礼物是你的开路先锋，是你种在别人心里的一个机会和因缘。

送礼不是投机，送礼是投资。

投机跟投资是有本质区别的。投资是你要等到你的钱投到里边一段时间以后才能拿到结果，而不是你把钱一放进去就能翻倍，那叫赌博。

送礼看似送钱送物，实则是送心意送诚意。这背后显示出的是你对对方的尊重、重视，更是你自身舍得付出与懂得感恩的品质的体现。

送礼是让别人记住你的最直接的方式

你会给陌生人送礼吗？

懂点社交礼仪和注重人情的人一定会送礼，但是你除了给客户、同事、家人、朋友送礼之外，会给陌生人送礼吗？

你肯定会问，为什么要给陌生人送礼？或者问，如何给陌生人送礼？

前文有提到，送礼其实是情感的沟通，是心意的表达，那么给陌生人送礼自然也是这样的理由。

举个例子，如果在一个商务场合，当天你交换了30张名片，这些名片有设计精美的，有头衔很厉害的，也有未来的潜在客户，最终你会对谁印象最深？答案是没有人。你只会记得那场活动结束后有很多人与你打个招呼就匆匆离开，你们最多就是有了一面之缘罢了。

但是，如果在那场活动中，有一个人在给你递名片的时候，同时递给你一份小小的纪念品，你会不会记住他？你有办法忘记一个送过你礼物的人吗？你一定会对这个人印象非常深刻。

给陌生人送礼，打开了我走进大学成为讲师的大门。

我曾经在做餐饮行业时，有一个商学院的学生在我的餐厅里办活动。那是他们开学第一次聚餐，他们的老师还没有太多经验，氛围有一点冷清。

我就主动给老师建议："我可以帮您调节一下气氛，虽然我做餐饮，但我主要是做培训行业的，我会做游戏。一做游戏，这个班就活跃起来了。"这位老师很开心地答应了。我组织这群孩子做了几个游戏，现场气氛一下就活跃起来了。

后来这个老师就过来跟我道谢。他问我："你是做培训的，那主要讲什么？"我说我讲营销品牌的，我的前老板是菲利普·科特勒——"现代营销学之父"。他离开前还特意加了我的微信。

后来没多久就到了十一黄金周，刚好有一个朋友给了我一些儿童马术俱乐部的骑马券，可以带小朋友去骑马。我想起在微信朋友圈看到过那个商学院的老师有一个孩子，我就给这个老师寄了几张骑马券过去，并发信息：如果您有孩子，可以带您孩子去玩玩。

就这样，一个礼物寄过去了。

过了两天那个老师问我，愿不愿意给他的学生分享一下我上次说的营销品牌的内容。他们学院还有很多班级的聚会，如果我有分享内容的话，他们就还来我的餐厅聚会。

后来我才知道那个老师是商学院的一个重要的负责人，我就这样搭上了一个大学老师的人脉，并且开启了给大学生开讲座分享内容的大门。

因为在那次餐厅的分享之后，这位老师觉得我讲得挺不错，就问我愿不愿意到他们学校去分享。

我说："那太开心了！如果你们觉得我可以的话，那我就去。"

他问："课时费是多少钱？"

我说："课时费都是次要的，能讲课、能分享是最重要的。"

于是我就参加了商学院组织的一次沙龙。那次沙龙结束后，我就成了商学院的常客。他们每周都会排我的课，还推荐我为"客座教授"。在这之后，我还给很多大学的学生讲过课。

我给陌生人的礼物就是对陌生人的支持，这带来了我事业上的缘分。

送礼的重点在"送"而不在"礼"

送礼的过程中,是"礼"重要还是"送"重要?

答案是:送。

送的目标是人,而礼只是东西。你要让你的东西变得有价值,你就要会送。

我总是说,送礼是一门艺术,因为这个"送"的背后包含着情感、温度和时机。送礼时的情绪、情感重不重要?送礼时的话语重不重要?什么时间送重不重要?

"送"里面包含的所有细节,都决定了你这个礼送出去之后能不能恰到好处地传达你的心意,能不能让对方感受到你的诚意。**只有做好了"送",你的"礼"才能真正发挥作用。**

我有个朋友,帮了我很大的忙,我一直想回报他一份大礼,可是对方确实什么都不缺。为了能够回赠他,我下决心要为他做点什么。

我首先做的是去了解他的生活。早上,我会给他发信息,问他白天忙不忙,事情进展是否顺利,以此表达我对他的关心。我还会问他晚上有没有安排,如果晚上没有重要的事,就约他晚上一起吃个饭。

问白天,是为了了解更多线索,了解他今天去干什么,进而了解他这个人。问晚上,是一定要有一个结果,有可能一起吃饭,也有可能不一起吃饭,我已经做好了准备,不吃也没问题。

送礼这件事情重要的是送,送的基础是熟悉。我的方法就是,一定要主动去问。问今天去干吗,今天忙不忙?然后就是达成一个结果,要不就是约吃饭,约打球,要不就提议聚会,请他喝茶……总之,能多问就能多了解,能见面就能更深入地了解。

突然有一天早上,我照例给他发问候的信息,他跟我说今天家里老太太有点不舒服,他们正在去医院的路上。这个时候就是机会,是送礼的好时机。

于是我又询问了他们去哪家医院,老太太哪儿不舒服。直到下午3点我才收到他的信息,说没关系,他们已经到家了,老太太是下肢静脉曲张。

我赶紧上网搜静脉曲张的相关知识。我查到静脉曲张不是吃药,而是需要一些辅助治疗的设备。于是我就把有品牌的设备都买了回来,包括各种大小型号。

然后我该怎么做？把设备闪送到朋友家？不，这个礼我一定要亲自去送。送礼送礼，礼重要还是送重要？当然是送。所以，亲自送就变成了一个非常重要的动作。

那么怎么送？要不要弄一个礼物盒，绑一个蝴蝶结，还是直接用原来的塑料包装就这么送过去？这个设备其实并不贵，包装也比较朴实，但又确实不太适合用太华丽的包装。

我是怎么做的呢？我又买了一箱猕猴桃、一箱车厘子，然后带着买回来的所有设备开着车去了朋友家。

这份礼就送出了我的心意。

首先，这个设备我不知道人家更喜欢哪个牌子的，也不清楚老太太用什么型号，所以就各种品牌各种型号都买来了。而且我是亲自开车送到家的，比起快递、闪送更显诚意，还能看望一下老人家。

如果东西买完了，直接给人快递到家里，人家一看，费这么半天劲取趟快递，最后这点东西加在一起不到200块钱，这肯定是不合适的。

其次，只带着这些设备过去有点像推销员，人家一开门，我把东西递过去，介绍一下品牌和型号，然后离开。整个过程都很尴尬，所以我就带了水果，全家人都能坐在一起吃，更热闹。

说起来，我送的礼其实是很简单的，就是个小东西。但我在"送"的动作上大做文章，最后的效果是完全不一样的。

所以，送礼的仪式感是很重要的。你到商场去买首饰，对服务员说："我看一下一克拉的钻戒。"服务员过来了，柜子没锁，她从抽屉里拿出钻戒随意地扔在柜台上，即便是真的，这时候你也觉得那钻戒是假的。

所以，通常情况下是什么样的呢？服务员一定要从一大串钥匙中挑出其中一个，小心翼翼地开锁，谨慎地戴上手套，慢慢地把钻戒取出放在小托盘里。这一套动作下来，你会觉得这一枚戒指仿佛是什么稀世珍宝。

送礼的过程中，最大的仪式感就是你要亲自送。

送，这个行为，比你给他送个什么贵重的手表，会更让对方往心里去。礼不是杠杆，送才是杠杆，送会让你的礼物变得越来越有价值。

学会送礼，也就学会了做人

我有个朋友，非常尊敬自己的大学老师，多年来，他一直想报答老师在大学期间对自己经济上的支持和帮助，但老师是一个从来不求学生回报的人。

有一天，朋友又回学校看望老师，这次师母也在家，师母说了一句某个科技品牌出了一款新产品，能解决某个设计问题。于是，朋友立即给妻子发信息，让妻子务必找到这款产品。

过了半小时，他问妻子找到了吗？妻子说，找到了，现在在比价，还有价格更便宜的。他立即就急了，说我要的是能让我师母马上拿到，哪怕你出双倍的价格，都要给我送过来。

妻子马上会意，这次老师看到了学生妻子送过来的礼物，终于收下了，并不是因为价值几何，而是他知道了自己学生坚定要报答自己的心意。

想想看，在师母需要或者感兴趣的时候，能立刻拿到这个东西，和过几天再送来是一样的吗？

同样的东西，出现在不同的时间和场合，价值就会不一样，背后的真心和诚意也就不一样。所以，在面对送礼这件事情的时候，真的不能忽视它，其实我觉得送礼比做人还难。

当你学会了送礼，也就学会了做人。

师母有需要，这对夫妻马上去办好了，这个时候呈现出来的都是真心。顶级的送礼，就是对方需要的，对方没有的，你能够马上拿出来帮到对方的心意。

有一次在一个饭桌上吃饭，桌上一个大哥突然接了一个电话，说："好的，行，马上结束了……我把药给你们带回去……感冒？知道了，板蓝根。"

电话挂了，桌上就有人说："嫂子感冒了，那早点回去。"

后来大家就开始讨论，板蓝根哪个牌子的好。

他们聊天的时候，我马上拿出手机给我的司机发信息，请他帮忙到药店去买板蓝根。于是我的司机就到了药店，把每个品牌的板蓝根都买了三盒，装在一个塑料袋里面，买好后我让他等在包间门口。

后来，我看到这个大哥去洗手间。他前脚刚出门，我就跟了出去。然后我从司机手里接过塑料袋走到大哥身边，把板蓝根递到大哥手里，说："刚刚听到您在电话里说嫂子要板蓝根，我就让同事去了趟药店。不知道嫂子习惯哪个品牌的，就把药店里面所有的品牌每样买了三盒。希望嫂子早日康复。"

在这之前我跟大哥仅仅是见过几面，并没有交换过联系方式，从那天开始，这个大哥每次聚会都会询问我有没有来。

有时候，急人所需本身也是一种诚意和尊重。

"送"这件事情最重要的是我们要找到对方需要的，要么是对方没有的，要么是对方没见过的，要么是对方需要且没有的，这样的东西送出去了才能叫作"礼"。

这个"礼"，一定是对方在某一段时间或者某一件事情里需要但没有的，而你能够最快速拿出来的东西。

送出去的是礼，收回来的是感情。对他人付出礼物，应该是我们做每一件事情的起点。你跟一个人打交道，如果你的起点放在礼物上，以后做事就会越来越顺，你会觉得身边都是你的贵人。

如果你跟人打交道的起点不是送礼物，而是占便宜，或者认为人跟人之间都是利益的交换，那你的路就会越走越窄，身边的能人、大咖也会在不知不觉中远离你。

所以，在人生的路上，你想要走得远走得顺，就要学会先付出，把你的情送出去，才能收获别人的尊重，为自己争取更多向上、向前的机会。

送礼不求人，求人不送礼

我有一位朋友，擅长做知识产品，是真正的内容专家。但是他对自己的总结就是情商不高，说话太直接，很多人都针对自己，于是他跑来问我该怎么办。

我给他出了一招，去买各种零食，把办公室的柜子塞满。辣的、不辣的、甜的、酸的，各种口味的看起来很好吃的零食都放进去。

他问我这么做有什么用，我说，你买好之后不用主动送出去。你本身性格清高，又害怕显得巴结别人、刻意讨好，而且有的人和你争执过，你送给他他也未必接受，所以东西只能放着，等同事饿了的时候，他们就可以过来问你要。

过了一周，他跟我抱怨，说那些零食好像没有什么用，还拍了一张照片给我。我一看，柜门是关着的。我说，你好歹在桌上放一袋，桌上什么都没有，所有的零食放在柜子里头，大家的眼睛也不是 X 射线。你放一袋在桌子上，柜子一角微微打开，要能够露出一点零食的包装袋。这样路过的人就会看到，从而对柜子里的东西留下一个印象，需要的时候才会来找你。

又过了一周，他非常高兴地告诉我，他的人缘改善了许多,很多同事都跑来问他要零食,还和他一起分享各种好吃的。此后,尽管办公室的人知道他还是情商不高,但是大家也不针对他了,还能开玩笑了。

看到这里,你是不是已经发现,我所讲的送礼和你常识里所理解的送礼并不一样。所以,别把送礼想得太庸俗,以后给人送礼物的时候,要懂得反其道而行之。

要记住:送礼不求人,求人不送礼。

求人的时候再送东西,那相当于你平时根本就没有维护好关系,别人收下了礼物,给你办了事,心里面也不是特别舒服。所以,日常见到新鲜的东西,多想想他人。

我到一个地方看到有新奇的伴手礼,就买了10个回来。我做业务的时候,包里总有小杯子、小梳子、小玩偶。还有段时间,我在做业务的时候,经常会组织客户的孩子一起出去玩。

跟孩子在一起特别简单,只要包里有玩具就行了,哪怕就是一个泡泡机,一群小孩就跑过来了,我也很容易和他们的父母多聊几句,建立起好的关系。

当然,送小礼物的时候要注意,每个人都应该被你关注。如果你还没有明确的自己的圈子,一定不要厚此薄彼。

生活中除了有我们想要结交的牛人、贵人，以及我们的领导、客户，其实还有一类人我们也应该投入更多的关注、关心。他们就是为我们提供生活便利的人，比如保姆、司机、按摩师、发型师、保安、餐厅服务员等，他们都是我们应该送礼物的对象。

对家中的阿姨好一点，她一定也会对你更用心，对孩子照顾得更细心一点，把盘子、碗筷洗得更干净一点。

如果你经常去同一个餐厅宴请宾客，一推开门，对方叫出你的名字："恒洋老师，您来了！"此刻，你的客人也会觉得非常安心。

这并不需要多麻烦，你可以在平时送给他们一些简单的小礼物，比如几个香甜的水果，一些实惠的门票、购物券，逢年过节的一句祝福和一个红包，对方就会记住和感谢你。

我们送礼物的时候，不要只送得意的人，还要抚慰失意的朋友。

在社交退化的时候，在所有人都变得钝感的时候，你变敏感了，你的机会是不是就多了？

有人说，恒洋老师，做业务好难。有人说，恒洋老师，做生意好难。有人说，恒洋老师，做商务好难。所有的难的背后，都可以用善意去解决。所有的难处，都是因为对方不想跟你交流。如果对方想交流，甚至给你出主意，一切都不同了。

如果我手里拿了一杯奶茶或者一杯咖啡，抑或是一瓶矿泉水，我对别人说："今天天热，您喝点水吧。"他会不会开心？会不会感受到你的善意？会不会愿意对你更温柔、更耐心？这是不是也是送礼？

礼物背后藏着的是感情

在给别人提建议之前，如果送对方一个小礼物，对方会更容易接受你的建议。

我们原来在应酬的时候，兄弟里面有一个人我们叫他老三。他太能说了，于是让他去帮我一起应酬，结果每次他都成为主角，比我还能说。

有一次我就给他提意见，提意见之前我拿了瓶酒送给他。

我说："请你喝酒。"

他说："干吗呀？咱们还这么客气。"

我说："送你这瓶酒，其实是我想给你提点儿意见。"我把这个意见说出来了，对方也欣然地接受了。

在提意见之前送一些小礼物，能够很好地缓和双方的关系，因为礼物的背后藏着的是感情。很多时候你说出某些话刺痛了对方，才会阻断两个人的沟通，而一个小小的礼物能弥补语言带来的情感裂缝。

所以，当你跟你的先生或者太太提意见的时候，如果先送个小礼物，是不是就能避免一场没必要的争吵啦？同样地，当你给自己的父母或者孩子提意见的时候，先送上一份小礼物，沟通的时候会不会更和谐？你就这样四两拨千斤，用一个小东西化解了一场家庭战争。

因为礼物代表的是"我是真的在乎你，而且关心你的感受"。亲密关系的交流中，先让对方的心情好了，才可以顺畅地沟通交流。**很多时候我们办不成事，所有的难点、卡点就在于对方不愿意与你交流。**

我过去上班，去任何一个新公司我都会带伴手礼，哪怕仅仅是带一盒巧克力，分给大家之后，向同事们介绍自己："我是新来的同事，请大家多多关照。"

这绝不会招人烦，大家还挺开心的，觉得来了个懂礼貌的同事。这就是你在别人眼里变得更美好的最直接的方式。礼物送出去，对方感受到了你的礼貌和懂事。

职场上，人走茶凉的事稀松平常。很多人离职了，和过去的领导、同事不再有交集，也就不再来往了。但是每到过年的时候，我都会想起过去帮过我的领导们。于是，我精心挑选一些适合的礼物送过去，一是送上新年的祝福，二是表达对他们的感谢。对于过去帮助过我的同事，哪怕后来没有继续共事了，我也会经常想起他们，送他们一些小礼物。

尤其是我想到自己的一些朋友，在我最惨的时候，他们过年、过节还想着我，我现在过年、过节十倍、百倍、千倍地感谢他们。

送礼是一种习惯，蕴藏了极大的力量

你有没有注意过习惯的力量？

我身边有一个朋友牙不好，我给他介绍了一个很厉害的牙医。那个牙医给他看完牙以后一直摇头，我就问："他那牙怎么样？有治吗？"牙医果断回答："没得治。"

我听后很震惊，询问缘由后才知道，原来是我这个朋友一直以来都没有刷牙的习惯，而是用漱口水。但是漱口水跟刷牙

完全是两码事，漱口水是不能替代刷牙的。我这个朋友就是因为没有养成良好的刷牙习惯，所以他的牙就出现了很多问题。最后牙医强调，如果他继续不刷牙，再怎么给他治都没用。

所以，送礼这件事情也是一样的道理。你没有意识要做这件事，你就不能养成习惯，我教你再多的高招也没用。**因为送礼是一种习惯，而且是这个世界上力量最大的习惯。**

对于懂点人情世故的人来讲，送礼是一件司空见惯的事；而对于很多内向不擅长人际交往的人来说，送礼就是一件不同寻常的大事。

过去的邻里之间，炖肉、蒸包子都会互相送，经常是我端着一盘红烧肉到你家，你又送几个香喷喷的大包子给我，这是人与人之间关系亲近的表现。

有的人对礼物有误解，觉得我们送别人东西是不是有所图，是不是有所想？其实不是。

礼物的本质是表达在乎。所有送的礼物都应该是为了推动一种健康的、积极的关系而送的。

其实，送礼是有一个基本原则的：**关系远送礼轻，关系近送礼要有用，中间的送礼一定要重；家境一般送实惠，家庭富裕送精巧；恋人送纪念，朋友送趣味；老人送实用，孩子送新颖；年节送特色，日常送温暖。**

◎ 普通家庭送实惠，富裕家庭送精巧

家里经济条件比较一般的，我们送礼就要送实惠。为什么？你说你非要给人家送一个奢侈品，比如几万元的一个包，而这几万元对于别人而言可能就是全家一年的开销。你说他看到这个礼物能开心吗？

对于比较富裕的家庭呢，我们送礼就要送那种精巧的、精致的。他们已经不用在温饱线上挣扎了，所以就有了对于高品质生活的追求。这个时候，你送出去的礼物如果太日常、太朴素，就容易让人觉得你不够用心。

◎ 恋人之间送纪念

恋人之间要送礼就送有纪念意义的。比如，去年的今天我们去了一个公园，今天太忙了，但是我买了一张这个公园的门票，请你收藏。虽然我们今天没有时间去，但是我觉得跟你去公园是一件特别开心的事，所以这个门票是礼物，再过一周我陪你去。

又如，去年我们在这个餐厅吃了一顿饭，当时你跟我说了一句话，我仍记得当时的感动。所以，今天我把这个餐厅的这一道菜点到家里来，我们一起吃顿晚餐。

去年怎么样，今年怎么样，做到记住不难，可以翻一翻去年的朋友圈，再翻一翻自己的手机相册。

哪怕是两个人争吵了，之后送一个浪漫的礼物都可以。别只等到情人节、七夕、生日再去送礼物，每一个相处的瞬间都有值得纪念的意义，都是我们送出礼物的好时机。

纪念是一件非常重要的事。礼物是一份可以穿越时间的祝福，还是一份可以保存情义的容器。

◎ 朋友之间送趣味

朋友之间要送有趣的东西，送好玩的东西。因为朋友之间送钱、送贵重的东西都不合适，送实用的东西、华丽的东西也没太大必要。那如何给你们的友情增加一份乐趣呢？那就送有趣的东西、好玩的东西。比如，我就曾经给我身边的朋友、兄弟都送了同一款打火机。那个打火机的外形比较有意思，每次我们聚会的时候，大家都一起拿出打火机，那场面是非常热闹开心的。

◎ 老人送实用，孩子送新颖

老人送实用，孩子送新颖好玩的东西。

过去我给老人送过能保值的物件，比如金项链、金手镯。后来我转念一想，不能因为你喜欢这个东西，你认为这个东西好就给别人也送这个东西,你高兴他未必就高兴。

我曾经就爱给我爸妈送营养品,我觉得那是对他们身体好的,吃了有好处。结果,东西放到过期都没人碰一下,最后扔的时候我觉得既可惜又挺郁闷。

后来我就给我爸妈送购物卡,他们平时去超市买个菜、买个水果、买个生活用品也都用得上。

在老人眼里,你送这个东西再好,但是与他无关那就没有意义。所以,给老人送礼就要送实用。

要送小朋友东西的时候,就要挑那些新奇好玩的。

现在有一个特别好玩的东西,而且价格不算太贵,几百元,特别适合送给小朋友。这个东西就是电动小车,有三轮的、四轮的,有摩托车、小汽车,孩子可以自己控制,父母也可以通过遥控器来控制。

孩子收到包装箱那一刻的惊喜表情,送的人看到了都会觉得特别开心。

◎ 年节送特色,日常送温暖

年节送特色,就是要送平时很少见到的、比较稀罕的东西。

比如过年的时候,我以前给好朋友们送过盆菜。这是一种客家菜,过去在广东很常见,但是北京那时候还没有。一个盆里边都是海鲜,给人家过年的桌上加一道菜,大家都会开心,饭桌上也会提到你。

后来我会送龙虾或者帝王蟹,逢年过节的饭桌上有这么一道菜,一家人其乐融融,拍照发朋友圈。这样的礼物会让送礼的人和收礼的人都感到快乐。

年节之外的日常我们就送温暖。每个地区都有每个地区的时令,我在北京选择了一家有机蔬菜合作,有机鸡蛋、有机西红柿、有机黄瓜等。我常常分享给朋友们,他们说这让他们吃到了小时候的味道。

很多人一想到送人礼物,就把注意力全部集中到礼物上,上网搜各种产品。其实,我们更应该做的是去对方那里搜集线索。从他的生活里搜,去他的习惯里搜,去他的需求里搜。上网搜再贵重的东西,不如他当下最需要的东西。

茶叶、白酒,通常被认为是通用的礼物,但我觉得这类产品不好选择。如果自己不够懂,选择的令人不满意,不仅损失自己的钱,还送不到对方心坎儿里去,所以还是要先走入对方的生活里去。一定要去了解他,如果他和老人住一起,你可以买对老人有用的礼物;如果有孩子,当然也可以给孩子送个小礼物。

举个例子。若要答谢一个常年出差在外没有时间陪伴孩子的客户,你有8000元的预算,是买一瓶红酒送他好呢,还是给他的孩子买礼物好呢?一瓶冰冷的红酒,一份帮他弥补在家庭中不能时常陪伴弥补孩子遗憾的礼物,哪个礼物会更让他感受到温暖?

制作一个送礼簿,养成送礼好习惯

如果你想要更好地养成送礼的习惯,可以自己制作一个送礼簿,然后在送礼簿上划分一下社会关系,给不同的人送不同的礼物。

社会关系可以分为五类:**第一类,家人;第二类,亲戚;第三类,同学/好友;第四类,同事;第五类,商务伙伴。**

当然,你也可以按照自己的喜好和实际情况进行分类。

送礼簿

社会关系	家人	亲戚	同学/好友	同事	商务伙伴
礼物清单					

◎ **如何选择给家人的礼物**

给家人适合送什么呢？如果对方当时没有特别需要的东西，首选送实用的/实惠的。

送伴侣，可以先观察对方近期是否有喜欢的或者缺少的，或者需要又刚好没有的东西。比如，你看到自己的太太最近工作很忙、很累，但是你又很少有时间能够在家里和她一起分担家务，那就可以送一台洗碗机，或者一个扫地机器人。如果你发现最近你的先生下班回家后总是很疲惫，就可以送他一个按摩椅或者安睡枕。

送孩子，可以选择那些亲子互动的玩具。比如，送孩子积木、拼图，你可以在周末陪着孩子一起搭建城堡，既锻炼了孩子的动手能力和创造力，还能增加你和孩子共同相处的时间。

对于我们的父母，他们也有自己的朋友，有自己的爱好，但是他们会觉得一家人齐聚一堂是一种难得的幸福。他们会更喜欢一家人一起吃饭、一起聊天、一起看看电视那种其乐融融的感觉，三世同堂甚至四世同堂会让他们更有幸福感。

所以，送给父母最好的礼物，其实就是有空了多回家陪陪他们，听他们唠叨唠叨，给他们讲讲自己的近况。和父母一起打扫打扫房间，陪他们种花、种菜、施肥，干什么都可以，只要一家人在一起就会生出幸福。

现在的人，越来越忙，回家的时间越来越少，和家人的互动也越来越少，家人之间的交流也越来越少，导致亲人之间的关系逐渐疏远。好不容易一大家子的人聚在一起吃餐饭，饭桌上也是各自看着手机，几乎没有交流，吃完饭就又各忙各的去了。

所以，送给家人的礼物一定要饱含心意，要让对方感受到我们对他们的关心和关注。

◎ 如何选择给亲戚的礼物

我们送亲友礼物的时候，要考虑这个礼物送出去能够创造什么样的关系，这时，礼物的价值就会体现出来。

想想看，现在亲戚之间走动是不是越来越少了，但亲人基于血缘关系还是会相互惦念的。所以，我们还是要用心维护彼此的关系。

这个时候挑选礼物，不用挑最贵的，或者那种特别精致的，而是应该选一些可以引起大家共同话题的礼物。

比如我自己，送亲戚礼物的时候会选榴梿和臭豆腐。这个礼物送过来之后，会引起大家的讨论："这东西是不是得摔地上才能开口？""这个榴梿一看就能开出6房肉。""这个东西真臭啊！""这东西这么臭，真不懂你们怎么都爱吃！"……

这样，在一个家庭里就可以形成话题，大家聊起来以后还会顺势展开新的话题，整个家里也就热闹了起来。

所以，送给亲友的东西，一定不要送那种会被放着不用的东西，送的礼物要么能在一起玩的，要么能在一起吃的，要么是有趣的，要么是能被记住的。

◎ **如何选择给同学/好友的礼物**

不同时间段的同学，可以送一些有纪念意义的礼物。比如做一本相册，里面放满曾经有共同回忆的照片，这就很容易引起感动、惊喜、温暖的情绪。

给朋友送日常礼物，可以选择图书，还可以写上自己的赠言。书经常出现在哪里？它会被放在床头翻阅。所以，我一年至少送朋友们4本书，书出现在他们的床头，我的祝福也离他们很近。

即便字写得不好看，也要亲手写赠言。

每隔一两个月，或者一个季度，都可以送，而且书是性价比特别高的一个礼物，虽然购买的价格不高，但其中的价值又是无限的。

◎ **如何选择给同事的礼物**

其实同事之间的关系既重要又敏感，所以送礼物就得把握分寸。

最合适的礼物就是零食。把你的一个抽屉变成一个小的零食柜，根据自己的预算量力而行，在零食柜里摆一些好吃的小零食。

注意一下细节，要买大包装里有独立小包装的零食。因为如果只有一个大包装，有可能被某个大大咧咧的人全拿走；还有可能有人伸手抓一把，其他人因为卫生问题，会"敬而远之"。

还要注意，只要你回老家，再回公司，最好带点小礼物。因为你离开公司的那段时间，一定有工作需要同事帮你顶一下，这就是一种感谢的方式。

对领导来说，胸针是不错的选择，有一些正式场合需要穿西装，却未必都有好看的胸针。如果你为领导准备一枚精美的胸针，他需要的时候，就可以佩戴。

对下属来说，可以送给他一份荣誉的象征，比如我曾经的销冠小奖杯，还在我家书柜里收藏着。它是超过产品价值的东西。

◎ 如何选择给商务伙伴的礼物

给商务伙伴送礼一定别送太贵重的，可以送纪念性质的礼物，也可以送家乡特产，或者可以送钢笔。

年轻人没有资源和资金，怎么给大人物送礼物？

第一，当年轻人还没有自己的业务、事业和产品的时候，要看的就是自己能够从对方身上学到什么。

对方认知极高，你的目标就不应该是带有明确功利心的，因为这样的人物哪怕是见一面也能让你学到不少东西。

所以，你需要准备的是一份见面礼，至少有一个小纪念品赠给对方。这是为了和对方从陌生到熟悉。

我在刚认识我的老师们的时候，会在过年时给老师们邮寄一些小礼物，或者发送祝福信息。如果有的人不愿意把地址给出来，这是因为彼此还不熟。所以，一见面就要地址是错的，因为萍水相逢，要地址并不礼貌，要先争取相互熟悉。

如果不在一个地域，见面可能性不高，就争取先在微信里熟悉。

还可以通过对对方的观察，比如在哪儿上班，或者在做什么事，送出表达自己心意的礼物，你们的关系经过时间的积淀就会逐渐变得深厚。

当然，一定要记得前文提到的一个原则：**送礼不求人。**

社交心法第八式：制作送礼簿

送礼是一种习惯，蕴藏了极大的力量。关系远送礼轻，关系近送礼要有用，中间的送礼一定要重；家境一般送实惠，家庭富裕送精巧；恋人送纪念，朋友送趣味；老人送实用，孩子送新颖；年节送特色，日常送温暖。

如果你想要更好地养成送礼的习惯，可以自己制作一个送礼簿，然后在送礼簿上划分一下社会关系，给不同的人送不同的礼物。

社会关系可以分为五类：第一类，家人；第二类，亲戚；第三类，同学/好友；第四类，同事；第五类，商务伙伴。当然，你也可以按照自己的喜好和实际情况进行分类。

高手复盘

1. 送礼物是快速破冰、拉近距离的社交方式。
2. 送礼首先考虑的永远是心意。
3. 礼物更需要从对方的角度去挑选。
4. 送礼是让别人记住你的最直接的方式。
5. 送礼的重点在"送"而不在"礼"。
6. 学会送礼,也就学会了做人。
7. 急人所需本身也是一种诚意和尊重。
8. 送礼不求人,求人不送礼。
9. 礼物不要只送得意的人,还要抚慰失意的朋友。
10. 礼物背后藏着的是感情。

09.
饭桌是撕开虚伪、鉴别真诚的地方

吃好一顿饭,是联结人脉的关键

在开始探讨这一章内容之前,我想先请你思考一个问题:吃饭对你来讲重不重要?

回忆一下,近一年里,你多久参加一次聚餐?包括亲友聚餐、公司内部聚餐、商务聚餐等,是每天一次、每周一次、每月一次,还是一年加起来参加的聚餐不超过10次?

如果你一年到头几乎没有饭局,很遗憾,你现在还没有主动联结人脉的意识。偶尔去的饭局，也是被动地参加家庭聚会、公司的年会、朋友的生日会等，除此之外，你再没有其他的饭局了。你甚至还会觉得去一次饭局太麻烦，能推托就推托了。

现在，我邀请你来思考第二个问题：你是怎么看待饭局的？

"吃饭"这件事，可能对于我们每个人来讲都太平常、太普通了，但是你有没有发现，越是重要的饭局，选择的餐厅就越讲究。商务饭局的餐厅装修是最用心的。你会发现越是高档的餐厅，里面越是会摆着很多看似和吃饭没有太大关系的东西，比如高雅的壁画、好看的瓷器，可能还会摆一个茶台、一组沙发等。

为什么一个吃饭的地方这么讲究？因为餐厅不仅是吃饭的场所，更是一个功能性的场所。如果你觉得吃饭是有功能的，那么恭喜你，你知道了饭局背后的意义。如果你觉得吃饭只是为了填饱肚子，或者单纯地解决口腹之欲，那么我也恭喜你，你是一个无忧无虑的人。

在我看来，饭局并不普通，更不庸俗。它不是觥筹交错、声色犬马的代名词，而是代表着情感的交流和同气连枝的情义。在中国的传统中，通过吃饭这件充满仪式感的事情来庆祝重要的事情和纪念重大的日子。

一对新人结婚了，吃饭叫"婚宴"；小孩满月了，吃饭叫"满月酒"；孩子百天的时候有"百日宴"，周岁的时候有"周岁宴"；孩子升学了办"谢师宴"，没考好也有饭局，名曰"辞师宴"；老人过生日有"寿宴"；搬新家了有"乔迁宴"；赢了比赛有"庆功宴"；升职加薪了也免不了和同事朋友们聚一聚……

从古至今，中国人就很喜欢大家坐在一起，一边吃饭一边聊天。现在的商务活动，约个饭局一起聊合作，也很常见。做生意的人离不开饭桌，从这张饭桌谈一件事情到下一张饭桌。

你有没有发现，现代人的深入交流和深入沟通的时间是不是越来越少了？我们要跟其他人坐下来好好聊聊天真的太难得了。

但饭桌能够让你跟别人在一起坐几个小时，也能让你跟别人从陌生到熟识，从蜻蜓点水地聊到深入沟通。

餐厅，是这个世界上唯一让你可以跟陌生人快速拉近关系的场所。

每周都有几次饭局的人，可能是喜欢社交的人；每天都有饭局的人，可能是一个很忙碌的商人；每天有很多饭局，甚至还需要排期的是什么人？他大概率是一个大老板、大领导。

那我问问你，吃饭对于你来讲重不重要？

有一次我的一个学员见到我以后，握着我的手，眼含热泪，激动地跟我说："恒洋老师，谢谢您！"

我说："怎么了？"

他说："我从小自卑，一直也没有什么成就，但您让我明白了在饭桌上，每个人都可以是主角，应该去主动照顾别人。于是，我回去鼓起了勇气照顾一桌子吃饭的人。当我不再把吃饭当成受刑，而是主动交流的时候，我发现以前只顾着闷头吃饭的自己好傻，既浪费了自己的时间，又没有留下别人的关注。但是这次在我吃完饭以后，全桌的人都感谢我。"

有时候我们一起吃饭，就是为了收获谢意和表达感谢，有时候是为了结识新的朋友和争取新的机会。**一顿恰到好处的佳肴吃完了以后，两个人的关系会拉近。**

我认识一位包装行业的大咖林总，很多知名的珠宝品牌的外包装盒基本上都是他做的。林总每次在饭局中，坐着的时间只有1/5，4/5的时间其实都是站起来的。

我第一次跟他吃饭的时候直接蒙了。那天我们吃的是潮汕牛肉火锅，他就差拿筷子喂我了。吃过潮汕牛肉火锅的人都知道，那个牛肉片是非常薄的，一片肉只需要在锅里涮

9～10秒就可以吃，时间长了肉就容易老，影响口感。

于是，整个吃饭的过程中，林总都是把肉片涮好了就直接夹到我的碗里，一边夹菜，一边介绍，说："这个肉嫩，入口即化。这个有嚼劲儿，特别好吃。"我全程就是一边品尝，一边跟他说谢谢。他还时刻注意着我的碗，提醒着我说："您现在就吃，一会儿凉了就不好吃了。"

看我吃得差不多的时候，他会特别自然地帮我把酒倒满，再举起自己的酒杯和大家说："我们一起敬恒总……"

我还有点不适应，突然间好像回到了幼儿园，老师盯着你吃肉，又叮嘱你要多吃两口菜。但是我当时是真的感动啊！那次的饭，我会记一辈子。

林总是一个什么样的人呢？他当年（十多年前）只带着60块钱孤身闯深圳，现在开起了大公司，做起了大买卖。他现在已经是那么厉害的大老板了，但是在吃饭的时候仍然能耐心地照顾着饭桌上的每一位宾客。他把最好吃的给你，发现茶凉了就倒掉，重新续上热的，酒喝完了会及时添上。

被他这样照顾，会不会觉得他有一点虚伪？我跟他吃了不下10顿饭，他每顿饭都这样，我还会觉得虚伪吗？他每顿饭都一样，都会去照顾身边的人，哪怕是对待初次见面的人，他也是这样做。现在你觉得他还虚伪吗？

一个行为，是为了达到某个目的只做一次，那叫虚伪；而这个行为贯穿你的生活，你对任何人都一样照做，那就叫真诚。

有一个深圳的学员，也是做包装的。有一次吃饭，他过去敬林总酒，说："您是行业的前辈，您在这个行业是前辈……"

有人开玩笑说："你们两个是竞争对手。"

林总马上站起来拿了酒杯，说："天下没敌人，对手只是自己，我干了。"

这就是林总的胸怀。通过他的言谈举止，就能知道他经历过什么，格局有多大。

我问林总："您吃饭时为什么总有那种魅力四射的热情？"

他一句话给我震撼了："跟别人坐在一个饭桌上容易吗，为什么不热情？"

他珍惜坐在一起的机会，把每次一起吃饭都当作一个机会。

匮乏的饭桌教育：跟人打交道是从吃饭开始的

吃饭本身就是一件开心的事，但是很多人除了在家里吃饭，外出聚会吃饭就变成了一件很紧张的事，坐在那儿不知道该干什么，十分拘谨，不知道怎么拿筷子，不知道怎么敬酒，不知道怎么敬茶，不知道怎么添水，不知道怎么换盘子。

这就导致我们很多人，尤其是平时比较内向的人，一提到聚餐、饭局就充满抗拒。

很多人可能都和我一样，从小到大都没有接受过关于饭桌社交的教育。小时候我们从爸妈那里接受的教育是什么？吃菜就吃你面前的，不要站起来夹菜，不要随意去转动桌子上的转盘。

于是我们一直以来就养成了这样一个习惯，无论是什么样的饭局、聚餐，我们吃饭就是等，等每一道菜转到自己面前，然后默默地夹到碗里再吃。有的菜转过去了，就只能等着再转一圈回到自己面前，然后着急忙慌地夹着吃。如果你没有这样做，就会被认为是没有礼貌，不懂礼仪。

那么我想问问，这种吃饭方式，你能吃得好吗？你能吃得自在吗？如果你连自己都照顾不好，那你要怎么照顾别人呢？

很多家庭里，大家从小接受的饭桌礼仪其实都差不多，所以我特别能理解大家在饭局上的局促和尴尬，尤其是内向的人，因为我自己就是一个非常内向的人。

后来我养成了一个习惯，我暂且把这个习惯叫作"饭局中的智慧"吧。我会观察饭桌上的人,只要他的眼睛在哪道菜上面停留,我就会自然地把这道菜转到他的面前。

如果你这么做了,那个人会不会感谢你?会,他一定会很感谢你。碰上懂事的,他也会开始关注你,看到你看哪道菜的时候,他也会转到你面前。这样一来,两个人就顺理成章地成朋友了。

我小时候没有接受过太多的饭桌教育,有时候连自己都照顾不好,还哪里顾得上别人。但我现在会观察饭桌上的人,只要对方在某道菜上的目光停留时间久,我就会转到他的面前。四目一对,心照不宣,对方就感受到了你的关心,也会很感谢你,两个人就成朋友了。

我真正明白如何做生意、如何做人、如何跟人打交道,就是从我学会跟人吃饭开始的。

饭桌是一个什么地方?

通过一起吃饭,陌生人会变成熟人,熟人会变成朋友,朋友会变成家人、亲人,最后都会变成自己人。

有一点很重要,吃饭不仅是品菜,更是品人。你相不相信,有的人靠吃饭就能识人,不是认识的"识",而是识别的"识"。

一起吃一顿饭,有的人就能识别出这个人是个什么样的人,这个人能不能交往,值不值得深交。遇到真正厉害的大人物,你往饭桌前一坐,通过观察你的言谈举止,他就能判断你大概的收入是多少,大概知道你手里有多少买卖,你的见识和认知在什么水平。

饭局是真正考验你的见识、见解和见地的地方。在饭局当中,大家聊起的各种话题,你要不要接?如何接?你要不要阐述自己的观点?这些都是技术,甚至是艺术。

这就是为什么很多时候我们在谈大项目、大生意的时候,都会在正式会议之外再安排一场饭局。

在饭桌上成不了主角,是你把自己当成了配角

你有没有注意到,在任何一场饭局、任何一张饭桌上,都有两类对比非常鲜明的人,一类是从头到尾都在不停地和人社交的人,另一类是一直默默坐在角落里减少存在感的人。

过去我在饭桌上永远是配角。因为我很内向,所以每次聚餐,我只会安静地坐在一个角落里,也不说话,不敬酒。

而且那个时候在饭桌上我最恐惧的就是做自我介绍。通常大家来赴约，都会在开场介绍一下自己，互相了解了解。

每次轮到我前一个人自我介绍的时候，我就默默地站起来，假装出去打电话，估摸着这个环节结束了再回来。如果赶得不巧，回来时还需要自我介绍，我就干脆站起来敬大家一杯酒，说句"干了"，然后坐下，结束。

那好，我请问你一个问题，我这样做对不对，合不合适？

如果你还不能确定，那我再问你，去参加饭局是不是占用了你的时间和精力？那么你在一场饭局之后谁也没认识，一句话都没说，有没有浪费自己的时间？你来这一次和不来有什么区别？你折腾这一通有收获吗？

所以，我的做法不仅浪费了自己的时间，还没让任何人对我留下印象，是我把自己边缘化了。

在饭局上，明确自己在一群人里是什么角色，这是一件非常重要的事。

在饭桌上成不了主角的人，是你把自己当成了配角。

我要告诉你一个真相，一顿饭吃下来，组局的那个人、最会说话的那个人都未必是主角，他们只是看起来的主角。

实际上，在这个饭桌上，所有人心里边都有一个主角。

那你要不要当所有人心里边的那个主角？

我在"聚餐之智"的课堂上经常问学员们两个问题。

第一个是，在聚餐时你会主动给别人夹菜吗？

第二个是，上主菜、硬菜的时候，你会给别人分菜吗？

如果这两件事你都做到了，那么你就是个非常厉害的人。因为在吃完饭的时候，所有人都会对你表示感谢的，会感受到你非常懂得照顾别人。你在饭桌上，不管是大饭桌还是小饭桌，不管是请客还是自己在家里吃饭，你越尊重人，你的礼仪水平越高，你也就越容易成为别人认可的主角，你信吗？

吃饭的时候会给别人夹菜，还会给大家分菜的人，是做事到位的人。

吃完了饭，所有的人都去表示感谢的那个人，是做事出色的人。

我现在是个"有眼力见"的、"懂点事儿"的人，但是我和于斌老师坐在一起，几乎没有机会干任何事。只要有于斌老师在，任何情况下我都会被照顾，而不是去照顾别人。

地低为海，人低为王

吃饭的时候，要尊重身边的每一个人。

有些人，指使服务员，恨不得就跟叫自己家用人一样，没有任何的尊重和礼仪，特别好意思地为一点点小事一次次地把服务员喊过来。他们不懂：**地低为海，人低为王。**

我的大哥于斌老师（于斌老师早年做珠宝行业培训，后来在业内基本做到龙头地位），他对身边所有的人都有礼貌。

我和家人每个月都会去于斌大哥家聚会。在一次家庭聚会上，我这边有岳父岳母、我的爸妈、我和太太，还有阿姨带着孩子一起过来。那天我们吃的是于斌老师亲自做的炸酱面。半上午的时候，于斌老师就开始忙活了。

他从出门买菜就给我拍照发信息："弟弟，哥出门了啊，现在去买肉了。"他要亲自去买肉、买菜、买佐料。所有的东西买好了，他就回来给大家炸酱，连面条都是他自己做的。这个炸酱面看起来简单，做起来其实特别复杂，面和料加一起得有二三十种食材。

吃饭的过程中，于斌老师会给饭桌上所有人碗里夹好面，包括他的家人和我的家人。我注意到，于斌老师最后给我夹完面之后，仍然没有回到自己的位置上，他直接走到了我家阿姨身边。我的孩子当时才1岁多,吃饭是必须要阿姨照顾的,所以阿姨就没有时间坐下来吃饭。

这个时候,于斌老师走到阿姨面前,语气温和地询问:"您是哪里人啊?"得知阿姨是山西人之后,又笑着说,"山西人爱吃面,刚好今天我们吃的就是面,您肯定爱吃。您尝尝我们的做法,看看合不合胃口,有没有忌口?"

于斌老师就这样一边和阿姨拉着家常,一边夹好了面,拌好了酱,然后把一碗热腾腾的面放在了阿姨面前,说:"给您拌好了,放在这儿了,一会儿您有空的时候就吃。"

那一刻,我坐着,很难为情。那是我自己家的阿姨,结果却是我大哥去照顾,我充满了羞愧和不好意思。

后来,我也学着大哥的样子,去尊重我身边的所有人。当我这样对待一些人的时候,他们会说:"用不着这么客气,太虚伪了。"

我去问我大哥:"为什么我身边的人会说我虚伪?"大哥跟我讲了一句话:"弟弟你记住,**如果你只对成功的人好才叫虚伪,你对所有的人都尊重,就叫真诚。**"

要记住,你在饭桌上说的每一句话、做的每一件事,是让饭桌上所有的人都能看到的,而不是只对一个人好。

要说在饭桌上最有智慧的人，我觉得非于斌老师莫属了。我每次和他一起吃饭，都能从他身上学到东西，他把每一个人都当亲人去尊重，去关心，去照顾。

他从不灌酒，看到饭桌上出现爱灌酒的人，他就会说："今天咱们这桌饭大家自己照顾自己，喝得开心就好。"

每次在饭局上，只要他看谁已经有一点喝多了，或者有谁其实并不能喝酒，他就会走到对方那里，把酒换成水。

有一次，我要请一个重要的合作方吃饭。我们约定的时间是晚上6点。我记得非常清楚，5点39分的时候，于斌老师发信息问我："弟弟，今天晚上几个人？"我说："咱们5个，合作伙伴来5个人。"

5点49分的时候，于斌老师又给我发信息："弟弟，哥已经把菜点完了，我跟你说一声。你请客，哥给你站台。"

我们都还没到餐厅，我大哥就已经把菜点完，把账结完了。于斌老师最令我佩服的一点就是，他能够在任何时候站在你的角度帮你安排妥一切。

吃饭的整个过程中，于斌老师的一言一行也堪称典范。

饭桌上有位李总，李总身上有一种志得意满的状态，也许对别人来说，这种态度会刺痛别人的自尊或者引起一些不服气的心理感受。但是于斌老师知道李总爱喝酒，就时刻注意着李总的酒杯，只要一空，就立马把酒满上。他倒每一杯酒都特别认真，但也一点都不拘束。

这时候，原本有些傲气的李总终于站了起来，恭敬地说："于斌老师，您已经敬我两杯酒了，第三杯酒我必须过来敬您。"

当时我就想起了这句话：**地低为海，人低为王。**

人跟人正是如此，很多人一接触别人，就开始进入比较，争强好胜，展现实力，就是怕别人看不见。一坐在桌上就比，对方说了什么，自己必须超过对方，整个饭桌就变成了攀比社会关系，攀比个人经历。有人去过南非，那就说自己去过北极，聊天都是比着聊的，为了体现自己、炫耀自己，就是为了让别人觉得自己好厉害。

但于斌老师的做法是，**敢于把自己放下去，把舞台给别人，并真心地尊重每一个人。**

内心的强大才是真正的实力，当一个人心里边有实力，就不是肌肉强而是骨骼强。这样的人不仅自己有力量，还能给别人带来正能量。

高规格的礼仪都在细节里

以往的"酒桌文化",让我们对饭局形成了一种刻板印象,上桌就得灌酒。但事实上,我们是反对这种庸俗的"灌酒"文化的。

吃饭的时候,很多人喝了酒就会很健谈,但是那些不会喝酒或者不能喝酒的人就容易感到尴尬,也很难敞开心扉和大家聊起来。

那么,如果是招待不会喝酒的人,我们要怎么做才能让对方敞开心扉,吃好玩好呢?首先,遇到对方真的不能喝酒,就不要逼迫别人。其次,就是要想办法给对方一个能够畅快表达自己的机会。最后,吃饱吃好当然也非常重要。这三点做好了,那么对方这顿饭一定会吃得舒心,吃得高兴。

在饭桌中,我们怎么做才能让别人愿意敞开心扉畅快地表达自己呢?我跟你说一个非常简单的方法,你可以用请教问题的方式。比如,你可以说:"您把企业做这么大,是怎么做到的?""每一次您都能抓住时代的红利,可以给我们分享一下您的原则吗?""您今天的服装搭配得如此别致,是怎么搭配的?""您今天的眼镜挑得这么别致,和其他人都不一样，您是怎么选到的？"

吃饭过程中我们会不会跟别人有肢体接触？会。

我给大家举个例子。我的一个学员发了一条讲如何敬酒的视频，这条视频帮助他涨粉超过100万。我都惊呆了，同时我也意识到了，很多人不知道敬酒的时候自己的杯子应该比对方的低一点，以示尊敬。

那好，现在你懂得了敬酒时你的杯子要比别人的杯子低一点，那对方也懂这个礼仪，他也比你低一点。然后你又低一点，他更低一点，最后两个人只能蹲着喝酒了。这种情况怎么办？

我第一次跟于斌老师一起吃饭的时候，我去敬酒，你猜猜于斌老师是怎么做的？于斌老师看到我走向他，就从位置上站了起来，非常耐心地听我讲完了话。我赶紧把酒杯递到他面前，而且我特意把杯子放得更低一些。

然而，就在我们的酒杯要相碰之时，于斌老师很自然地轻轻托了一下我的杯子。就这一个细微的小动作让我深受震撼。

我请问你，这样的做法高级不高级？你觉得细节重不重要？

你会发现，每个人都想干大事，但是那些经常被我们忽略的杂事、小事反而能对成事起到决定性作用。

我的一个朋友，每次一起吃饭的时候有个习惯，总是用餐巾纸擦一下手。我就比较细心，留意到了这件事，每次都及时把他用过的纸放到一边，再准备一张新的给他。现在过去很多年了，他对这件事还是印象非常深刻，总是提起来。

想要做成大事，细节要做到位。

一顿饭并不是从坐上饭桌开始的，其实从你约人就开始了。从饭前的准备，到上菜以后的分菜、倒酒、换骨碟，再到吃完饭以后的送别，到家之后的问候，每一个细节都很容易被你忽略，但又非常容易给别人留下印象。

比如，你会不会在吃饭结束后发个微信问候一下对方到没到家？今天的菜有没有什么不可口的地方？你会不会在吃完饭以后给对方发一条信息表达感谢，表达今天跟对方一起吃饭非常开心？

看似是几个小时的一顿饭，实则从每个细节里都能够看到一个人的人品、格局和高度。

人们在吃饭的时候经常会忽略一件事情，就是自己没有忌口的食物，就不问对方了，可能是怕麻烦，也可能是怕尴尬。事实上，关于对方的忌口和喜好理应询问，这是一种关心和在乎。

有的时候对方不说有什么忌口，我们怎么办？

就餐时，可以通过对方吃饭的行为和动作判断他爱吃什么。在饭桌上，当一个人对某道菜夹了三筷子，就说明这道菜比较合他的心意。这个时候，你可以主动帮他夹菜，也可以帮他把盘子转过去，或者干脆再点一份。

如果不是在饭桌上，你想表达你的这种善意，会显得很刻意，彼此都尴尬。但如果是在饭桌上，感受到对方的善意和照顾，你会想要和这样的人交朋友。因此，这样的人的路也一定能越走越宽。

高规格的礼仪其实就藏在你举手投足的每一个细节里，而这些细节又证明了你是一个懂得付出、值得交往的人。

我有位朋友是美食家，这位老板宴请朋友有一个习惯，就是一餐只吃一道菜，配一种酒。当然，这种方式并不适合我们去照搬。他能这么做，是有他独特设计的。

我想说的是，无论他的这一道菜是什么，桌上都会有餐牌，为宾客介绍了这道菜的每一种食材的来历。无论是什么菜,你都能在品菜前了解到食材的产地、烹饪方式,以及和这道菜相关的文化典故,比如曾经出现在哪本名著中……一顿饭吃完,特别长知识。所以,哪怕一顿饭只吃这一道菜,你照样能吃出滋味,吃出最佳体验。

饭桌上要追求的不是利益,而是亲情

在通往成功的道路上,其实我是站在了别人的肩膀上往前走的。我能够有幸被这帮大哥、大咖托举着往上,最直接的一个通道就是饭桌。

不同的吃饭,人们的追求是不同的。**我经常会讲这句话,你在饭桌上追求的是什么,你呈现出来的就是什么。**

那么,我想请问你,你在饭桌上追求的到底是什么?跟其他人交往,你的目的是什么?是拉近关系,成为好朋友,还是寻求利益,达成合作?

有的人是追求资源,有的人是追求方法,有的人是追求跟别人建立关系,有的人要追求办成事。

大部分人在饭桌上追求的是热情,还有的人追求的是激情。不过,无论你追求什么,饭桌都不是去搞利益交换的地

方，而是去寻找灵魂默契的场所。

很多人都把其他人当作自己的工具，觉得所有的人都该是来帮我的，所有的社交都应该是有利可图的。上了饭桌就开始想，这张桌上谁能为我所用，谁能给我带来生意……其实大可不必，人们都不傻，被利用的人，不出三天就会意识到自己遇到了一个什么样的人。

在我的观念里，**没有血缘的两个人关系未必远，有血缘的关系未必近**。尤其是独生子女没有兄弟姐妹，能坐在一起吃饭，就可以把对方当作自己的亲人去照顾。

我有一位姐姐，事业做得很大，很多奢侈品都是通过她才得以进入中国市场。她常说的一句话是："于斌弟弟是我亲弟弟（其实两人并没有任何血缘关系）。"

有一次，这位姐姐和我一起在于斌老师家里吃饭，她说了一句话令我印象特别深，她说："于斌弟弟心里边有正能量，他能够点燃别人，所以大家都喜欢他。"

于斌老师的饭桌上，总有那种点燃别人的氛围。我太太总结出一句话："无大哥不成席。"大家觉得饭桌上只要没有于斌老师，这顿饭吃得就没意思。

这位姐姐还这样说过："大部分人在这个时代之下所追

求的是短暂的热情和短暂的激情,而很少有人追求亲情,人们都不追求这个东西。"**无论是热情还是激情,都是来得快去得也快,转瞬即逝。而唯有亲情像是美酒,越经过时间的沉淀,越是香醇浓厚。**

所以,我觉得,饭桌其实才应该是家里最重要的地方,能坐在一起吃早餐、午餐、晚餐的才是一家人。

饭桌上要追求亲情,把任何一个人都当成自己的家人去对待。酒少了添酒,茶凉了换茶,菜没了加菜,身体不舒服了叫一杯热茶,这就叫对待亲人。

比起做事大大咧咧、不把别人当回事的人,所有人都更愿意和心思细腻、随时都能关注到自己需求的人交往。

在饭桌上也好,在其他场合也好,只有追求亲情是最重要的。正如我的那位姐姐所说,于斌老师跟别人不一样,别人都在追求热情,而于斌老师追求的是亲情。

所以,我跟于斌老师学会了一个非常重要且受用一生的东西,那就是要收获亲情。亲情一定是天底下最纯粹、最持久、最无私的感情。

当你真的感受到了亲情时,你才真正知道什么叫感情。当你真的知道了什么是感情时,你才能知道如何真诚待人。

当你时时刻刻都能真诚待人的时候,你的身边才会有越来越多的贵人聚集起来,帮助你,托举你,提点你。

最高级的感情是亲情

你有没有发现,所有的感情,只要维持的时间足够长,都会倾向于发展成亲情?朋友也好,恋人也好,甚至是同事、客户,那些在热情、激情都退去后,仍然互相牵挂和关心的人,都成了彼此的亲人。

人这一辈子,能够让一个人长久地记住自己、在乎自己就不错了。而当你发现一个人,和他交往20年以上的朋友可以批量出现的时候,你就应该想象得到,他这一生中,是多么无私,多么懂得付出,多么得人心。

关系对于我们大多数人而言,总是随着时间不断地得到又失去。而于斌老师是用他的真挚在提醒所有遇到的人,人生在世,千万不要忘记了人与人之间可以建立更长久的感情,那就是亲情。

有一次,我们工作组20多个成员去于斌老师家聚餐,这事其实也是于斌老师发起的。他非常鼓励大家像家人一样相处，有空就聚在一起，坐在饭桌上吃着家常菜，拉拉家常。

但是那天其实有一个前情，就是我和于斌老师前一天也喝了酒，还喝了不少，所以那天我真的挺不舒服，就决定不喝酒了。

但是于斌老师那天依然开了酒，和伙伴们一起畅饮。与此同时，他还不忘叮嘱我说："我可以喝，弟弟你就别喝了，如果你喝酒，哥哥跟你急。"

那天的菜很丰富，烤全羊、羊肉串儿、凉菜、面条应有尽有，给大伙儿准备的啤酒有常温的、有冰的。说实话，我真的没有见过比于斌老师更周到的人了。

整个过程中，因为阿姨们忙不过来，他几次亲自下楼带了很多冰上来给大家用。那一刻我是感动的，他做这件事情不是在小伙伴们面前做的，而是在所有人背后默默准备的。

其实那天还是冬至，前一天就陪着我喝酒的于斌老师肯定也很疲惫了，因为到了晚上我已经感到非常累了，于是我就对大家说："今天晚上，我们还得开会，大家收拾收拾准备走吧。"

然后，我就让同事去订饺子馆的大包间，计划等我们从于斌老师那儿走了以后，就一起去吃饺子。

这个时候，于斌老师说："今天我想邀请所有的小伙伴、所有的同事，你们能不能来帮我完成一件事？就是帮我来说服一下恒洋老师。"所有小伙伴都蒙了，他继续说，"今天晚上的会就在这儿开，谁都不许走。"

那个时候，于斌老师家的阿姨已经在包饺子了，所以于斌老师说："大家必须在我家把饺子吃完才能走。"

小伙伴们听了显然都特别开心，饺子上来的时候，我们20多个人围坐在一起，在热气腾腾中热闹开心，这就是家的感觉。

后来于斌老师单独对我说："弟弟，你是真要开会吗？"

我讪讪地说："不开会。"

他"啪"的一巴掌招呼到我身上。

我说："大哥你太累了，需要好好休息。"

他说："我不累。咱们工作组平时多辛苦啊！这次大家好不容易来家里面玩，我真心希望每个人都开心。而且，你刚才一说开会，大家的好兴致都没了，一下就开始变得焦虑。"

于斌老师体谅了小伙伴们的感受，他在乎每个人的心情，也深知大家工作时的压力。

于斌老师的魅力就在于，他在任何时候都能够把别人"丢弃"的亲情捡起来，带回家里，就像一个长辈心疼自己家的孩子一样。

后来，我们是夜里11点多走的。离开的时候，我发信息表达了一下内疚。因为我当时宿醉不舒服，一直感到疲惫，自己就在团队的气氛之外，没参与进来，同样和我一样宿醉的于斌老师却一直都在真诚地陪伴着团队的伙伴。他比我还年长些，我难受，他更难受。

我经常会带着家里人和于斌老师的家人一起聚餐。

于斌老师总是第一个敬酒，敬我，敬我太太。最令我敬佩的是，他还带着自己的太太，走到自己的岳父岳母面前，非常认真地敬酒并感谢二老的帮助。

于斌老师与岳父岳母并不是分着住的，大家就住在同一个屋檐下，他却依然会在饭桌上带着自己的太太去感谢岳父岳母。

从我见到了这一幕开始，我回家就开始下定决心，我也要敬一下我的岳父岳母，也感谢一下我自己的爸妈。那一刻我才知道家庭、亲情真正的意义。

我们常常在事业上打拼，不知道为什么而活。回家之后，就觉得自己在外面已经完成使命了，家就只是一个休息的地方。在外面你照顾领导、照顾同事、照顾客户，可一到家就不再照顾任何人了。

但是，于斌老师在任何地方都照顾所有人，把所有人都当作最亲的家人来照顾。

我也希望能尽自己所能，把这种亲情的文化传递给更多的人，我们一起把学到的感悟延伸到自己的生活当中去。

感情不只是爱情，不只是激情，最高级的感情是亲情。

中型聚餐如何照顾到每个人

于斌大哥影响我太多了，彻彻底底地改变了我。

有时候聚餐，难免遇到冷场的情况，尤其是大中型聚餐更是状况百出。人一多，就容易出现坐得近的几个人在一起聊天，小团体各聊各的，整个聚会没有主题了，节奏全乱了，聚餐就变成小耗子开会了。

有一次，我参加了一个30人的聚餐。当天请客的人，很有诚意地安排菜品，只可惜不太会控场，于是，被邀请过来吃饭的于斌老师就帮他去控场。

于斌老师先邀请左边的人起立，把酒倒满，一起去敬右边的人。然后大家就纷纷开始倒酒，排着队去敬酒。再过一会儿，于斌老师又邀请右边的人也起立，大家一起去敬左边的人，场面一下子就热闹起来了。

还有一次，我和于斌老师一起去参加一个法国酒庄的宴会。

老板是个法国人，语言不通，一不小心就被边缘化了。法国夫妇坐在西餐桌的中间，才开始餐桌上就没人了。所有人都社交去了，他俩就坐在那儿不知所措。我都替他们尴尬。

这个时候，于斌老师叫主持人过来，问："酒庄老板会不会唱歌？"

主持人说："会。"

于斌老师继续说："好，现在邀请酒庄老板去唱歌，把大家的注意力带过来。"

接着翻译上台，但声音很小地说："接下来，酒庄老板要给大家献歌一首。"但是台下的反应并没有很热烈。这个时候于斌老师就站起来了，拿过麦克风充满激情地说："让我们热烈欢迎酒庄老板给大家唱歌！"这下大家纷纷把注意力转向了舞台，而酒庄老板也终于站在了聚光灯下。

酒庄老板唱完后，于斌老师上台跟翻译说："我现在跟大家解释一下歌词大意，你把我说的话翻译给老板听。"

经过于斌老师的讲解，大家才恍然大悟，原来酒庄老板唱的歌表达的是对中国的喜爱，非常开心能够来到中国。这时候，我们所有人的注意力就全过来了，我们的内心都非常振奋和感动。大家听到了歌曲是关于中法友情的，都鼓起掌来，翻译也把于斌老师说的每一句话都用法语译给了酒庄老板，老板当时也乐开了花，一直点头说"是的，是的"。

从这一刻开始，整个会场的关系全部改变了，所有的人都开始敬庄主酒。

其实这次聚会跟于斌老师一分钱关系都没有，我们也是被邀请来的客人，但是于斌老师就是这么真诚、这么会照顾人。

后来，主办方的一个朋友过来感谢于斌老师，说："没有您帮我们，今天晚上大家估计要尴尬到底了。"

在饭局中如何才能做好控场，其实关键不在于如何展现自己，而在于成就他人。于斌老师做事情，从来不是为了展示自己，他总是在照顾别人、托举别人。

我们在参加一个饭局的时候，如果能从展示自己变成成就别人，在无形中也就会成为核心。

把每件事做到极致

我在于斌老师身上能够学到很多，尤其是，**把一件事情做得精益求精，做到别人没有办法超越你，所有人自然就会仰视你。**

有一次，我和于斌老师、公司内部的同事聚餐。我嘱咐同事去把账结了，结果同事紧紧地盯着于斌老师，怕他抢着埋单。后来，结账的时候，同事惊讶地发现，不知道什么时候于斌老师已经付过账了。更神奇的是，这家最好吃的海参粥，我们每个人吃了两份。我就问于斌老师："大哥，海参粥我们点了两次，但是您结账的机会只有一次，您是怎么做到的？"

大哥说我结账的时候，就把这道特色粥给每人点了两份。也就是他结账的时候就跟服务员说，双份的海参粥，等吃完了第一份再上。

我衷心地希望，每个读者了解饭局的智慧。也许一开始，是从平常的角度想看看如何应酬，如何维护人际关系，但我希望到此刻，你能全面提升到如何看待人与人之间的情义、关怀的高度。

而当我们的高度上来了，你所遇到的困难的答案都在下面一层,你自然就能把饭吃好,把事做好。

你把别人放在心中,别人也会把你放在心中。

练习吃饭:每周至少跟陌生人吃一顿饭

其实饭桌上的学问也没有特别复杂,你要是亲眼见过了,也就会了。

但是你会了以后未必能用出来。很多上过我"饭局之智"课的学员反馈说,课也听了,笔记也记了,该学的也学了,也知道应该怎么做了,但就是不好意思做。

你不好意思,是因为你请客的机会太少。一次不好意思,两次不好意思,你就多请几次客,让这些饭桌里的智慧和细节形成一种习惯。

我给大家举个例子。有一次我和一位老板吃饭,他当时用我的筷子帮我夹了鱼,筷子上面有那个鱼汤,他会帮我把筷子擦干净再放回来,这个细节我也忘不了。所以,大家吃饭的时候,能为别人服务的时候,一定不要不好意思。

当然我也不希望大家走极端。有一次,我们学员一起聚餐,菜一上桌,大家都学会了服务意识,马上就有人站起来，帮大家把所有菜都分好了，就这样，桌上的盘子全是空的，每个人面前的碗里都是满满的，堆得像小山一样。

大家聚在一桌吃饭的时候，你明知道站起来说话不会有任何危险，但是一站起来就紧张。饭桌上的语言是非常重要的。

我曾经在创业之初，并不懂得珍惜别人精心安排的饭局，有时候会把好好的氛围用一句话给破坏掉。

有一次，老板带我去吃饭，需要给重要的客户杨总敬酒，我颤颤巍巍地站起来说："杨总，我想敬您一杯酒。"

杨总也跟着站了起来，说："谢谢你。"

我接着说："我们老板经常提到您，他特别佩服您，说您特别有城府。"

我这话一出口，老板和现场的所有人都蒙了。尤其是杨总，他的脸"哗"的一下就垮下来，笑容凝固了，整个人凝固了。我也凝固了。老板这顿饭本来是请人吃饭帮忙，被我这一句话结束了战斗。

撞了南墙之后，我知道自己得打开思路，就给自己定了一个小目标：每周必须跟陌生人至少吃一顿饭。

最开始吃的时候，我也是什么都不会，付账不会安排，不懂得怎么带酒，也不懂得在吃饭过程中照顾别人。

《黑客帝国》里面有一个经典镜头，子弹从人身边过去，他慢慢地躲，子弹根本打不着他。在你成为高手之后，那么对方所有的细节、微表情、眼神在你眼睛里面都会是一个明确的信息，都会代表一个结果。

如果你请对方吃饭，菜一上来，他直接拿起筷子夹起来就吃，有可能你这顿饭是白请了。但如果菜上桌，他懂得照顾身边的人，或者对你表示谢意，说"这菜点得真好"，那对方一定是很懂礼貌和礼节的人。

所以，你现在做得不好，不用害怕，因为吃饭就是需要练的。在经历了无数次饭桌智慧后，我慢慢地就学会了饭桌礼仪，甚至还成了别人学习的榜样。

如果你要谈客户，那就可以准备一个列表，把每个月必须邀请吃饭的人都列出来。如果你要带领团队，应该在固定的时间段，把大家约在一起组个饭局，促进感情。

其实只需要学会一套礼仪思想，你在任何一个人身上都不会被排斥，他都会给予你尊重。

学员分享

饭桌破局

人物名片

杨缘宁
来自新疆乌鲁木齐，从事外贸行业。

人生格言：地低为海，人低为王。

结缘：渴望破局，让我有幸与贵人联结

很多人是主动认识恒洋老师的。他们要么是因为刷到过恒洋老师的视频，要么是从朋友或者熟人那里了解过恒洋瓦教育的课程。而我和恒洋老师的缘分，似乎是命运的安排。

通过训练营和研讨会的学习机会，我加入了恒洋瓦的社

群——从此打开了新世界的大门。

参加训练营以后,我有机会听到更多的线上课程,于是我终于在直播间里正式认识了恒洋老师。在社群里,恒洋老师经常给我们打气、赋能,我也从恒洋老师以及恒洋瓦教育的其他老师、学员身上学到了更多为人处世的智慧。

说实话,加入了恒洋瓦教育的社群后,我有一种宾至如归的感觉。因为这里的每个人都把我当家人一样关心、照顾,每个人都慷慨地给予我发自内心的鼓励和赞美,我觉得自己整个人都生发出了自信。

因此,当得知2023年的6月恒洋老师要在深圳开展线下课的时候,我毫不犹豫地报名了。**如果说我是直播的时候开始对恒洋老师产生兴趣,那么这次线下见面我直接被这位有着非凡人格魅力的老师圈粉了。**

成长:主动联结人脉,让我事半功倍

我是做销售工作的,按理说应该是一个不惧怕生人、特别会社交的人。但是真正开始跟恒洋老师学习后,我才发现自己是一个不懂社交的人。

我经常会做一些自我设限的事情。比如，因为我不会喝酒，所以在酒桌上、饭桌上喝酒这件事就让我觉得非常尴尬。于是，很多时候我都会有意回避饭局、酒局，能不去就不去，就算去了也躲在角落里当个小透明，生怕别人劝我喝酒。

记得在一次饭局上，在被一桌男士逼着喝酒的时候，我本打算离开的，结果起身时不小心把桌子掀翻了。从那以后，我就得到了一个"掀桌姐"的称号。后来很多局大家也都不爱叫我去了，因为我太扫兴！

但是，从事过销售工作的朋友都知道，工作中酒局、饭局是不可避免的。退一步讲，就算是日常生活中和亲朋好友聚一聚也是离不开喝酒的。

借着到恒洋瓦教育学习的机会，我就向恒洋老师请教了这个困惑我很久的问题：作为一个不会喝酒的女士，在饭桌上遇到劝酒的情况该怎么做呢？

恒洋老师给出了一个特别中肯的回复，他说："**饭局的本质并不是胡吃海喝。吃好一顿饭，是联结人脉的关键。敬酒也不是为了把谁灌醉，而是表达对对方的一种尊敬和重视。你不会喝酒，一样可以表达对别人的尊重，一样可以用

其他的方式让别人关注到你。"

听完恒洋老师的话，我醍醐灌顶。我发现，自己因为不会喝酒就拒绝饭局，这是因噎废食。在恒洋老师的课上，他讲得最多的就是如何把我们身边认识的高人、牛人变成我们的贵人，继而变成我们的恩人，直至变成我们的家人。

很多人不会喝酒，或者不能喝酒，在饭局上就会很被动，甚至会害怕去参加饭局，就像我之前一样。但现在我悔得肠子都青了，我错过了很多与牛人联结的机会，是自己亲手关上了一扇又一扇的破局之门。

现在的我不仅积极参加各种饭局、聚会，也愿意成为那个组局的人。当我主动去联结人脉时，所有人的关注点就不再集中在我到底会不会喝酒、能不能喝酒上。他们真正关注的是我这个人。

通过主动组局，我还促成了恒洋老师在我们新疆的第一场线下分享会——第一场"社交影响力"大课，更让原本和自己仅有浅层联结的贵人与自己建立了深度合作，共同创造了更大的成就。

在恒洋老师的影响下，我逐渐从一个社交"小白"变成了一个善于主动社交的人。也是在恒洋老师的课程中，我学到了如何去做一个积极向上社交的人——主动联结高人、牛人、贵人。

感动：他是我生命中最重要的老师

恒洋老师常说，每个人的人生都缺一个好老师。我就觉得自己特别幸福，能遇到恒洋老师，这让我在短短一年时间里就得到了飞速发展。在恒洋瓦教育的学员之间流传着这样一句话：跟着恒洋老师学习，成长速度是一年顶十年。

最好的学习是模仿，最好的教学是言传身教。成为榜样，以身作则，我的老师恒洋就是这样做的。

恒洋老师经常说"地低为海，人低为王"这句话。他不是说说而已，是真的这么做了，我是亲眼看到的。

2023年8月，我有幸跟恒洋老师一起去了耶路撒冷游学。那个地方有点像新疆的沙漠地带，又热又干燥。当地的导游一再提醒我们要带足够的水。但是女孩子出门基本上也背不了太重的东西，而且还喜欢拿着手机拍照，另一只手又要打伞遮阳，所以根本没办法拿水。

最后，恒洋老师怕我们路上渴，就默默拎着两大塑料袋的矿泉水一直跟在大家后面。大家看到恒洋老师的T恤衫整个儿湿透了,抢着要分担他手里的塑料袋时,却根本抢不过恒洋老师。恒洋老师说:"不用不用,我来吧。"于是他拎了整整一路的水,等到了可以休息的地方才给大家分水。

大家一起吃自助餐的时候,我们都自发地把那个离餐台近的好位置留给恒洋老师,但他总是会拒绝,然后找一个离餐台最远的位置坐下来。他说,这个位置要留给那些带父母来的学员,一定要让这些长辈坐在离餐台最近的地方。

恒洋老师还是一个特别懂得把人推上C位的人。比如在拍大合影的时候,大家都不想站在最角落里,所以恒洋老师就想到了一个办法,让每一个人都轮流站在C位。这样一来,我们那次一共44个人,这张合影就拍了44张。

恒洋老师那个时候已经是全网拥有5700万粉丝的商业知识博主,是恒洋瓦教育的创始人,但是你在他身上完全感受不到任何架子。你会觉得他就是身边的哥哥弟弟,是你的朋友、你的家人,总给人一种平易近人的感觉。

这些都只是我们经历中小小的一部分,恒洋老师给我们的感动还有很多。只要你在恒洋老师身边感受他是怎么做人做事的,你会每时每刻都被他的细节感动。

恒洋老师尚能做到如此，我们这些跟着他学习的人自然更要带着一颗感恩和尊敬的心，放低姿态，尊重别人。

恒洋老师是我生命中最重要的老师，让我明白了一个深刻的道理：**想要赢得别人的尊敬，显赫的身份和地位不是最主要的，而是要真正地目中有人——你能够看见别人，才会被别人看见；你尊重了别人，才会得到别人的尊重。**

社交心法第九式：
和陌生人吃饭

饭桌上的学问也没有特别复杂，你要是亲眼见过了，也就会了。给自己定一个小目标：每周必须跟陌生人至少吃一顿饭。

最开始的时候，你或许什么都不会，不会点菜，不会安排座位，不懂得怎么带酒，也不懂得在吃饭过程中照顾别人。

但是没关系，只要你坚持这个练习，在饭桌上多观察、多实践，你会发现，发生改变的不仅是吃饭这一件事情，你的人生都会随之改变。

高手复盘

1. 吃好一顿饭,是联结人脉的关键。
2. 跟人打交道是从吃饭开始的。
3. 对所有的人都尊重,就叫真诚。
4. 要敢于把自己放下去,把舞台给别人。
5. 高规格的礼仪都在细节里。
6. 想要做成大事,细节要做到位。
7. 饭桌上要追求的不是利益,而是亲情。
8. 最高级的感情是亲情。
9. 把每件事做到极致。
10. 你把别人放在心中,别人也会把你放在心中。

写给读者的话

尊敬的读者朋友，

您好！

非常感谢您在百忙之中，抽出宝贵的时间阅读我的书。在这个信息爆炸的时代，能与您通过文字深度交流，我感到十分喜悦。

书中承载了我近 20 年创业摸索出的经验和感悟。无论您正处于人生的哪个阶段，无论您正在经历什么样的考验，都希望这本书可以为您提供一些启发和助力。

我 27 岁开始创业，花光了所有积蓄，经历过三次挣大钱和三次赔大钱，负债到 35 岁。我曾经非常努力，但是非常失败。

后来，我明白了一个深刻的道理：人，是与人在打交道，**而不是与金钱在打交道。一个人若能得到一个贵人相助，那就是他走向成功的开始。**

明白这个道理后，我的命运发生了巨变：我获得了在清华大学开设讲座的机会——讲授个人品牌和网红经济；此后，又得以在福布斯论坛上演讲并接受专访；还有幸被中央电视台、中央人民广播电台、人民网专访。

这些经历，对于我这样一个没上过名校、没钱没势没背景的普通人来说，不敢想。我的人生前半程，演绎了一个小人物通过努力改变阶层的奋斗故事。从没有什么困难是克服不了我的，到没有什么困难是我克服不了的。

而我所有的成就，都是因为遇到了贵人。因此，我逐渐变成了一个会去尊重任何人的人。

在这个信息爆炸、社交网络错综复杂的时代，我们每个人都不可避免地卷入社交的旋涡。我常常能感受到很多人在社交中的焦虑和渴望——对人际关系的期待、对自我表达的追求，以及想要获得更多尊重和影响力的决心。

当然，我也见证了很多人通过刻意学习之后，实现了从迷茫到清晰的蜕变。

有的人掌握了化解冲突的社交方法，实现了与重要客户的长期合作；有的人用学到的表达技巧，成功获得董事会的支持，推动了公司新项目落地；有的人从一个沉默寡言的小透明，变成了团队里最受欢迎的发言人。

我知道，还有很多人因畏惧困难而放弃了"社交"这件事情，从而错过了拓展自己的人脉、实现个人成长与发展的宝贵机会。

无论您从事哪个行业，无论您是创业者、企业家还是普通人，都应该重视社交能力的培养和提升，以更好地适应日益激烈的市场竞争，适应不断变化的商业环境。

就像书中所写的那样："社交能力才是现代人不可或缺的核心本领。经营社交，最大的获利者是那个经营社交的人。"

社交是一种能力，更是一种智慧。它不仅是简单的交流技巧，更是深层次的理解和沟通。在《社交心法》中，我尽力将这些技巧和智慧以最直观、最实用的方式呈现。从基础的沟通技巧到深层次的人际关系构建，每一章节都包含了我多年的实践经验和深度思考。

社交也是一种勇气。在这本书中，我分享了许多关于如何"攀高枝"借势、打造个人品牌、建立社交影响力的技巧。我希望更多的人能够从中获得力量，勇敢地迈出社交的第一步。每一次的社交尝试都是一次成长的机会，不要害怕失败，因为失败是成功的垫脚石。

社交更是一种责任。它要求我们对自己的言行负责，对他人的感受负责。在《社交心法》中，特别强调了尊重与感恩的重要性。期待我们能够在阅读完这本书之后，开始从小处着手，从细节改变，在社交中展现出同理心和关怀。

最后，社交是一场没有终点的旅程，我们每个人都是这场旅程中的旅行者。我们在这个过程中不断地学习、成长、改变。我希望《社交心法》能作为一个小小的引子，帮助您在社交中掌握更多识人、为人的技巧，建立起自己更强大的社交网络，把牛人变成贵人，把贵人变成恩人，把恩人变成家人。

再次感谢您的信任和支持，这种在思想上的碰撞是非常难得且宝贵的缘分。

衷心希望本书的最后一页，是您打开全新社交篇章的第一页。

恒洋

2025 年 1 月 1 日